旬の和ごはん 12ヵ月

荒木典子

講談社

この本を
手に取ってくださった方へ

この本を手に取ってくださって
どうもありがとうございます。
2014年の春のある日、ふっと
"普段家で作っている料理を紹介してみよう！"
と思い立ち、『まいにちのお菜』という
Facebookを立ち上げました。
とにかく1年間続ける！ と決めて、
2014年4月8日（花祭りの日）からスタート。
写真を撮り、原稿を書いてアップし続けるのは
大変なときもありましたが、
季節の移り変わりを敏感に感じることができ、
料理の楽しさや素晴らしさを
あらためて発見した1年でした。
多くの方に応援のメッセージや感想を
いただいたことも大きな励みでした。
そんな料理日記を
書籍にしていただけるという幸運に恵まれ、
1年間にわたって紹介したお菜を、
1週間ごとの献立に
再編成して紹介しています。

プライベートな日常のお菜でしたので、
食材が豊富なときもあれば、
なんにもないときもあり、
また時間に余裕のないこともしばしば。
何度も冷蔵庫をながめては作った、
苦心のお菜もたくさんあります。
でもどんなささやかな料理であれ、
まいにち料理をして食べる日常とは、
なんと豊かなのだろうと心から感じた一年でした。
食卓にこれほどまでに季節感があふれているのは、
日本ならではのこと。
いまや時季を問わずどこの国の食材も
簡単に手に入るようになりましたが、
やはり旬の食材こそ最大のごちそうです。
身近でささやかなお菜のなかから、
パラパラとめくって、献立を考える際の
ヒントにしていただけたら嬉しいです。
皆さまのお手元に
置いていただける本となりますことを
心から望んでいます。

荒木典子

この本を使い始める前に

この本は 2014 年 4 月〜 2015 年 4 月に
『まいにちのお菜』というタイトルで、Facebook 上で紹介した、
私が日々作った料理を一冊にまとめたものです。
この本を見て料理を作っていただく上で
気にとめていただきたいことを以下にまとめました。
皆さんの毎日の食事作りのヒントにしていただけると嬉しいです。

献立について

　毎月、第1週から第4週まで、週ごとに1つの献立を紹介しています。ご飯物、主菜、副菜、お汁の4品を基本としていますが、3品になっていることもあります。また、冷蔵庫にあるものでなんとかやりくりしたり、撮影で使った食材の残りを使っていたり、私の好みゆえに同じ食材が繰り返し使われていたり、と日常生活ゆえの多少のブレがありますが、ご容赦ください。ご飯物は、主に炊き込みご飯や混ぜご飯をご紹介していますが、もちろん普通の白いご飯にしていただいても。

材料、分量について

　材料は、表記のないものについては2人分ですが、材料の状態や食べたい量などによって、分量は加減してください。調味は適量としたものもたくさんあります。ご自分の好みの味、ご家庭の味に調整してください。つけ合わせのお野菜やあしらいなども、季節のもの、食べたいものなどにして、分量もお好みで。出し汁は特に表示していないものは、かつお節と昆布でとったものを使っていますが、これもお好みで。油やみそなども表示のないときはお好みのものを使ってください。なお、大さじは15㎖、小さじは5㎖、カップは200㎖です。

調理道具について

　私が使っている調理道具は、母や祖母から引き継いだものやいただいたもの、自分でそろえたものなどさまざま。どれも大切な私の相棒で、ずっと使い続けていきたいお道具ばかりです。よく使うお鍋はアルミ製の雪平と両手鍋で、軽くてとても扱いやすいです。小さなミルクパンは田楽みそを練ったり少量のあんを作るときに重宝します。そしてさまざまな大きさのバットやボウルは欠かせない道具です。これらがあるとぐっと調理がスムーズになります。使い慣れた計量スプーンや菜箸、盛りつけ箸は同じものをたくさん用意しています。

ご飯の炊き方について

　ご飯は、いつもお鍋で炊いています。基本の炊き方は次の通りです。
　米は洗い、米の1.2倍程度の水に30分以上浸水させます（お米によって水の分量が変わります）。なるべく厚手の鍋に入れ、ふたをして強火にかけます。沸騰したら30秒ほどそのままにして、弱火にして11〜12分炊きます。火を止めてふたをしたまま10分ほど蒸らします。全体を混ぜて、ふたをして1分ほどしたらでき上がりです。
　もちろん炊飯器で炊いていただいてもかまいません。

私のお気に入り調味料

しょうゆ、酒、みりん、酢、油

みりん、米酢は長年同じものを使っています。みりんは本みりん、日本酒は清酒です。なじみのある灘か伏見のお酒を選びます。しょうゆは早く使いきったほうがおいしいので、小さめのものを頻繁に買います。レシピの再現性を高めるためにどこでも買えるものを使っています。調理の油はオリーブ油かごま油のどちらかを、その都度上質のものを選んで買っています。揚げ油は菜種油とごま油をブレンドしたものを使っています。

塩、砂糖、みそ

塩はゲランドの塩はさらさらして使いやすく、うまみがあるので、気に入って使っています。漬物をつけたりする場合は日本の粗塩です。砂糖は種類や商品によって甘さが違うため、基本は上白糖を使います。やさしい甘さ、素朴な甘さにしたいときは粗糖や和三盆を使うことも。みそは混ぜて使うことが多いので、普通のみそと赤だしみそ、白みそ（西京みそ）を常備。毎年は仕込めないのですが、通常のみそは手作りしています（写真は市販のもの）。

左から、白扇酒造「福来純本みりん」、剣菱酒造「剣菱（清酒）」、飯尾醸造「純米富士酢」、薄口しょうゆ、しょうゆ、オリーブ油、ごま油。

左手前から、（日本の）粗塩、和三盆、粗糖、上白糖、フランス・ゲランドの塩、山利商店の白みそ、越前みそ、山利商店の赤だしみそ。

お料理の味を左右する、大切な調味料やお出しの材料。
〝普段どんなものを使っているんですか〞
とよく聞かれるのでご紹介しますね。
基本のもの以外にも私がよく活用する、
アクセントにきかせる愛用品もあわせてご紹介します。
レシピにも何度か登場しますので、参考にしてみてください。

削り節、昆布、煮干し

　昆布は利尻昆布か真昆布を使っています。昆布が出しの決め手ですので、できるだけ上質なものを使うようにしています。私は昆布を多めに使うので、大きめに切って保存容器に常備。昆布専門店に行くといろいろ相談にのってもらえます。京都のうね乃か築地の吹田商店で買っています。かつお節、まぐろ節は築地の川邊商店かデパートなどで。煮干しは天日干しの上質なものを選び、頭とお腹をとり除いて保存容器に入れています。

その他のよく使う材料

　ごまは本当によく使います。炒ってから使うとぐっと香り豊かに。練りごまも加えるとこくが出るので便利です。
　ゆずこしょうはお鍋に使うだけでなく、炒め物やあえ物に加えると変化が出ます。豆板醬も炒め物や煮物によく加えます。
　黒こしょうは大好きで、本当によく使います。お汁やご飯の仕上げに粗びきにして加えると味が引き締まります。梅干しはあえ物や薬味としてあると便利です。毎年少量ずつ漬けています。

左から、煮干し、うね乃の利尻昆布、川邊商店のかつお節、まぐろ節。

左から、黒ごま、白ごま、桜えび、干しえび、和泉屋の練りごま、ゆずこしょう、黒こしょう、豆板醬、梅干し。

旬の和ごはん 12ヵ月
Contents.

この本を手に取ってくださった方へ 2
この本を使い始める前に 4
私のお気に入り調味料 6

■ 卯月【4月】
<small>うづき</small>

卯月第1週 14
たいめし
たいの煮つけ
筍といんげんの白あえ
帆立てのしんじょ椀

卯月第2週 18
筍ご飯
帆立てのフライ
マッシュルームのオムレツ
そら豆と長芋のすり流し

卯月第3週 22
新ごぼうのご飯
新玉ねぎと鶏団子の煮物
根三つ葉とお揚げのくるみあえ
かき玉汁

卯月第4週 26
そら豆ご飯
スペアリブとうどの酢煮
トマトとクレソンの
　ごまドレッシング
シンプル茶碗蒸し

卯月の手仕事 30
筍の水煮

■ 皐月【5月】
<small>さつき</small>

皐月第1週 32
キーマカレー
なすのアンチョビ炒め
トマトスープ

皐月第2週 36
新しょうがご飯
かつおとルッコラのサラダ仕立て
えびとそら豆のかき揚げ
沢煮椀

皐月第3週 40
山椒ご飯
あじのごま蒲焼き
新じゃがと豆のサラダ
トマトの豚汁

皐月第4週 44
たいのごまみそ丼
はまぐりの卵とじ
揚げらっきょう
冷やし出しトマト

皐月の手仕事 48
らっきょう漬け

■ 水無月【6月】
みなづき

水無月第1週 50
- とうもろこしご飯
- 鶏手羽の山椒煮
- アスパラとクリームチーズのおかかあえ
- オクラと豆腐のごまみそ汁

水無月第2週 54
- らっきょう炒飯
- 牛すね肉のしょうが煮
- 野菜の焼き浸し
- とうもろこしのかき玉汁

水無月第3週 58
- 白飯
- はものフライ
- 翡翠なす
- 細切り野菜のお汁

水無月第4週 60
- 梅とお揚げのご飯
- 肉団子とかぼちゃの炒め物
- 枝豆と豆腐のあえ物
- なすとみょうがのごまみそ汁

水無月の手仕事 64
- 梅漬け

■ 文月【7月】
ふみづき

文月第1週 66
- 桜えびと枝豆のご飯
- カレーしょうが焼き
- たことピーマンのゆずこしょうあえ
- 白玉入りかぼちゃのおみそ汁

文月第2週 70
- かぼちゃご飯
- 小あじの南蛮漬け
- 鶏ささ身とズッキーニのごまあえ
- 落とし卵のおみそ汁

文月第3週 74
- ビフテキ丼
- しし唐とお揚げの煮浸し
- くずし山芋のおみそ汁

文月第4週 76
- 青じそ飯
- はも焼き
- 賀茂なすの田楽
- はもにゅうめん

文月の手仕事 80
- 赤じそシロップ

Contents.

■ 葉月【8月】
葉月第 1 週　82
- えびと青じその炒飯
- 鶏とピーマンの照り焼きつくね
- 冬瓜と厚揚げのおみそ汁

葉月第 2 週　84
- 白飯
- 豚ヒレ肉の竜田揚げ
- トマトとみょうがのわさびじょうゆあえ
- いわしのつみれ汁

葉月第 3 週　86
- きゅうりと梅のおすし
- えびしんじょのはさみ揚げ
- つるむらさきのお浸し
- 山芋のお団子汁

葉月第 4 週　90
- うなぎとゴーヤのおすし
- なすの丸煮
- 鶏肉と冬瓜のくずひき汁

葉月の手仕事　94
- みょうが漬け

■ 長月【9月】
長月第 1 週　96
- さつま芋ご飯
- 鶏肉とエリンギのゆずこしょう炒め
- とうもろこし入り卵焼き
- にんじんとごぼうのおみそ汁

長月第 2 週　100
- 焼きお揚げご飯
- さばとしいたけの焼き浸し
- 里芋の肉みそかけ
- れんこんの薄月夜

長月第 3 週　104
- 白飯＋ちりめん山椒
- さつま芋コロッケ
- スパゲティサラダ
- 豆腐のおみそ汁

長月第 4 週　108
- 白飯
- さんまの山椒揚げ
- 焼ききのこのおろしあえ
- 里芋とにんじんのおみそ汁

長月の手仕事　110
- 栗の渋皮煮

■ 神無月【10月】
神無月第 1 週　112
- 里芋ご飯
- 秋ざけのホイル蒸し
- ぶどうとれんこんの白あえ
- 焼きなすのおみそ汁

神無月第 2 週　116
- 秋ざけの炊き込みご飯
- 鶏団子と里芋の煮物
- 山椒ポテト
- あおさのりの茶碗蒸し

神無月第 3 週　120
- 栗、鶏、ごぼうのご飯
- さんまのさっぱり蒲焼き
- れんこんまんじゅう
- なめこのおみそ汁

神無月第 4 週　124
- 白飯
- さけとまいたけの南蛮漬け
- 春菊と黄菊のお浸し
- キャベツとにんじんのごまみそ汁

季節のお食後　126
- 桜わらび餅
- いちごムース
- すもものシロップ煮
- ぶどうゼリー
- ゆず寒天

師走 【12月】 しわす

師走第1週　148

大根とお揚げのご飯

豚ばら肉と大根の
やわらか煮

かきとしいたけの
みぞれあえ

ほうれんそうと大根の
おみそ汁

師走第2週　152

せりとにんじんのご飯

たいの香味蒸し

里芋のえびあんかけ

のりのお吸い物

師走第3週　156

白飯

和風ハンバーグ

かぼちゃの白あえ

ごぼうのみそポタージュ

師走第4週　158

白飯

フライドチキン

かぼちゃと
ブルーチーズの
フリッタータ

冬野菜の温かいサラダ

お正月に向くあれこれ　160

砂肝のコンフィ

長ねぎの
ゆずこしょうマリネ

伊達巻き

れんこん入り松風

黒豆煮

霜月 【11月】 しもつき

霜月第1週　132

焼ききのこご飯

鶏のから揚げねぎソース

りんごとナッツの
ポテトサラダ

かぶと厚揚げのおみそ汁

霜月第2週　136

ゆり根ご飯

れんこん入り肉団子

きのこ入り
切り干し大根

長芋と三つ葉の
おみそ汁

霜月第3週　140

とろろご飯

鶏手羽中のしょうが煮

大根と厚揚げの煮物

白菜のおみそ汁

霜月第4週　144

菜めし

かきの
みそ鍋仕立て

ブロッコリーの
豆腐あんかけ

霜月の手仕事　146

手作りポン酢しょうゆ

睦月 【1月】 むつき

睦月第1週　164

白みそ雑煮

筑前煮

干し柿なます

塩ざけと
三つ葉の
おろしあえ

睦月第2週　168

七草ご飯

ぶりの粕汁

三つ葉とお揚げの
煮浸し

睦月第3週　170

かきご飯

鶏ささ身のあんかけ

ほうれんそうの
ツナおろしあえ

えのきとお揚げの
ごまみそ汁

睦月第4週　174

白飯

さばのピリ辛みそ煮

白菜のそぼろあん

春菊のおみそ汁

睦月の手仕事　176

おぜんざい

Contents.

如月 【2月】

如月第1週　178
- 炒り大豆ご飯
- かぶら蒸し
- 炒り豆腐
- 切り干し大根とお揚げのおみそ汁

如月第2週　182
- 白飯
- スコッチエッグ みそソース
- ごぼうのきんぴら
- 下仁田ねぎのポタージュ

如月第3週　184
- えのきとお揚げのご飯
- さわらのねぎみそホイル焼き
- 揚げ出し豆腐
- かぶら汁

如月第4週　188
- 白飯
- たいの黒こしょう揚げ
- 菜の花のお浸し
- よもぎ麩の粕汁

如月の手仕事　190
- 白菜漬け

弥生 【3月】

弥生第1週　192
- 蒸しずし
- えびと三つ葉の湯葉巻き揚げ
- 菜の花とやりいかのからし酢みそあえ
- はまぐりの茶碗蒸し

弥生第2週　196
- のりのつくだ煮ご飯
- チーズ入りじゃが芋のコロッケ
- 帆立てとプチヴェールのしょうゆ炒め
- 新玉ねぎのお汁

弥生第3週　200
- 白飯
- 肉団子と新じゃがの煮物
- 菜の花とれんこんのごまあえ
- 新わかめと絹さやのおみそ汁

弥生第4週　202
- うずみ豆腐
- えびと菜の花の炒め物
- 春キャベツの煮浸し
- うどのお汁

index　206

卯月
════
April.

新しい始まりの月。
街が桜色に彩られ、心おどる季節です。
食卓はすっかり春。
木の芽やうど、三つ葉など
春らしい香りの食材がたくさん出てきます。
そして、筍が並ぶとソワソワ。
買ったら急いで帰ってゆがきましょう。
甘い幸せな春の匂いが家中に広がります。
バタバタと忙しい時期でもありますので
温かいほっとするお菜も
あると喜ばれます。

卯月
第1週

卯月 第1週の献立
たいを使って華やかな食卓に！

たいめし

たいの煮つけ

筍といんげんの白あえ

帆立てのしんじょ椀

年度初めのこの週、
ごちそう感があるたいを
メインの食材にしました。
たいは切り身を使い、
しんじょは
フードプロセッサーで、
手軽においしく楽しみます。
筍、せり、木の芽などを
とり入れた、
春らしいお献立に。

ちょっと裏話
たいが安く手に入ったので
たいづくしのお献立に。
筍もまとめ買いしてゆでてあったので
今週はごちそう！

たいめし

切り身のたいでも
おいしくできます！
先に塩焼きにして、米と
炊き上げます。

材料
米2合　たいの切り身2切れ　塩適量
昆布適量　酒、しょうゆ各少々
木の芽適宜

作り方
1　たいに塩少々をふってしばらくおき、魚焼きグリルで焼きます。
2　米はといで浸水させます。水加減して塩小さじ½と酒を加えてざっと混ぜ、昆布をのせてその上に焼いたたいをのせ、炊きます。
3　昆布とたいをとり出し、たいは骨を除き、身をほぐしてしょうゆをまぶし、ご飯に混ぜ合わせます。
4　あれば木の芽を添えます。

ご飯を炊くときに混ぜる塩は薄口しょうゆ大さじ½にしてもよいでしょう。

卯月
第1週

帆立てのしんじょ椀

ちょっとかしこまったお椀。
フードプロセッサーで簡単に。

材料（しんじょは4個分、汁は2人分）
帆立て貝柱80g　A（はんぺん40g　卵1個　酒大さじ1　塩少々）
出し汁カップ2　B（薄口しょうゆ、塩各適量）　ゆで筍、にんじん、
せり、木の芽各適量

作り方
1　フードプロセッサーで帆立てとAをペースト状にします。
2　小ボウルにラップを敷いて1を¼量入れ、茶巾にしてしばり
ます。これを4つ作り、蒸気の上がった蒸し器で8〜10分蒸します。
3　筍、にんじんは薄切りにし、出し汁で煮てBで調味します。
4　椀に2を入れ、3の野菜と3〜4cm長さに切ったせりをのせ、
3の汁を張って木の芽をあしらいます。

しんじょは3〜4日冷蔵保存可能。蒸し直すか、汁の中で静かに煮
て温めます。

たいの煮つけ

煮魚は難しそうですが、
実は短時間でできて失敗もなし。
できたてをどうぞ。

材料
たいの切り身2切れ　ゆで筍適量
A（酒カップ１　しょうゆ、砂糖各大さじ３
みりん大さじ２　しょうがの薄切り適量）

作り方
１　たいは皮目に切り目を入れ、筍は薄切りにします。
２　鍋にAを入れて火にかけ、煮立ったらたいを皮目を上にして入れ、落としぶたをして強めの中火で８分ほど煮ます。
３　筍を加え、強火にして煮汁をかけながら２分ほど煮て仕上げます。

魚が入るギリギリの大きさの鍋で煮るのがポイント！　あらを煮る場合は熱湯をかけてさっと洗ってから煮るとよいでしょう。

筍といんげんの白あえ

とろとろのクリーム状の衣で
いつもと違った白あえに。
豆腐は水きりせずに使います。

材料
ゆで筍小１本　さやいんげん５〜６本
しいたけ３個　絹ごし豆腐100〜120g
A（薄口しょうゆ小さじ１　砂糖小さじ２
塩少々）　いり白ごま適量

作り方
１　筍は一口大に切り、さやいんげんはやわらかめにゆでて３〜４cm長さに切り、しいたけは軸をとって網で焼いて薄切りにします。
２　豆腐とAをフードプロセッサーに入れ、クリーム状にします。
３　１の水けをふきとって２であえ、器に盛って手でひねった白ごまをかけます。

卯月 第2週の献立
大好きな筍が脇を彩る フライ定食です！

筍ご飯

帆立てのフライ

マッシュルームのオムレツ

そら豆と長芋のすり流し

筍の里で育ったせいか
春の食卓には頻繁に筍が登場。
朝掘りのものを見つけた日には
嬉しくなって、
ついついまとめ買いをして
ゆでておきます。
ご飯に、つけ合わせにと、
主役にも脇役にもして食べ尽くします。

帆立ての フライ

帆立てを丸ごと揚げて
うまみを閉じこめます。
熱々を、おいしい塩と
ギュッと絞った
レモンで。

材料

帆立て貝柱4〜6個　ゆで筍小½本
塩、こしょう各適量
小麦粉、溶き卵、パン粉、揚げ油各適量
キャベツ2〜3枚　粒マスタード、オリーブ油各
少々　レモンのくし形切り適量

作り方

1　帆立ては塩、こしょう各少々をふり、小麦粉、溶き卵、パン粉の順に衣をつけます。筍はくし形に切ります。
2　キャベツはさっとゆでて細切りにし、塩少々、粒マスタード、オリーブ油であえます。
3　揚げ油を170℃に熱し、筍を素揚げにし、続いて1の帆立てをこんがりきつね色に揚げます。
4　器に2、3を盛り、塩とレモンを添えます。

パン粉は細かく砕くときれいにむらなくつきます。帆立てはすぐに火が通り、余熱でも火が入るので、揚げすぎに注意しましょう。

筍ご飯

春のご飯といえば筍ご飯。油揚げと一緒に炊きます。

材料
米2合　ゆで筍小1本　油揚げ1枚
出し汁420mℓ　酒、薄口しょうゆ各大さじ1　三つ葉適量

作り方
1　米はといで浸水させます。
2　筍は食べやすい大きさの薄切りにします。油揚げは熱湯をかけて油抜きし、細かく刻みます。
3　米の水けをきって出し汁を加え、酒と薄口しょうゆを加えてざっと混ぜ、2をのせて炊きます。
4　全体を混ぜて器に盛り、刻んだ三つ葉を散らします。

筍を細かく刻むと違った雰囲気のご飯に。

マッシュルームのオムレツ

しっかり焼いたオムレツは
冷めてもおいしくいただけます。

材料
卵3個　A（しょうゆ、塩、こしょう各少々）
マッシュルーム5〜6個　玉ねぎ1/8個
塩、こしょう各少々　クリームチーズ40g
オリーブ油適量

作り方
1　マッシュルームは石づきをとって四つ割りにし、玉ねぎは1cm幅に切ります。
2　卵焼き器にオリーブ油小さじ1を熱して1を炒め、塩、こしょうをふります。
3　ボウルに卵を溶いてAを混ぜ、2とクリームチーズを手で割りながら加えます。
4　卵焼き器をきれいにしてオリーブ油大さじ1を熱し、3を流し入れてざっと混ぜ、アルミ箔などで覆って弱火で8分ほど焼きます。返してさっと焼きます。

そら豆と長芋のすり流し

きれいな春色の和風ポタージュ。
とろみとやさしい味で、
食欲のないときにも。

材料
そら豆20粒　長芋8cm
出し汁カップ2　塩、こしょう各適量

作り方
1　そら豆は薄皮をむき、長芋は皮をむいて適当な大きさに切ります。
2　鍋に出し汁を温めて1を入れて2分ほど煮ます。
3　ミキサーにかけてなめらかにし、鍋に戻し入れ、温めて塩、こしょうで味を調えます。

長芋はじゃが芋にしても。仕上げにバターを加えてもおいしいです。

> 卯月 第3週の献立
> ## 春の野菜を
> ## しみじみ味わいます！
> 新ごぼうのご飯
> ---
> 新玉ねぎと鶏団子の煮物
> ---
> 根三つ葉とお揚げのくるみあえ
> ---
> かき玉汁

卯月
第3週

「新」のつく野菜が出回る季節。
やわらかい、くせが少ない、
風味がやさしい、などなど、
初々しい野菜たちは、
いつもよりていねいに
お料理したくなります。
短い旬を逃さないように、
今のうちに存分にいただきます。

新玉ねぎと鶏団子の煮物

やわらかくて甘い
新玉ねぎが主役です。
仕上げのこしょうで
ピリッと。

材料
鶏ひき肉 150g　A（塩小さじ⅓　酒大さじ1　しょうが汁小さじ1）　新玉ねぎ（小さめのもの）2〜3個　B（出し汁カップ2　薄口しょうゆ、みりん各大さじ2）　水溶き片栗粉、粗びき黒こしょう各適量

作り方
1　ボウルに鶏ひき肉を入れ、Aを加えてよく混ぜます。新玉ねぎは縦半分に切ります。
2　鍋に新玉ねぎとBを入れて煮立て、1の肉種を一口大に丸めながら加えて煮ます。あくをとり、落としぶたをして10分ほど煮ます。
3　水溶き片栗粉でとろみをつけます。
4　器に盛り、黒こしょうをふります。

＼ちょっと裏話／

買いおきしてあった野菜を
たっぷり使いました。
体も冷蔵庫もスッキリします。

ひき肉に脂が少ないときは、卵を少々加えて。新玉ねぎは小さめのものを選ぶとバラバラになりにくいでしょう。

新ごぼうのご飯

やわらかくてあくの少ない
新ごぼうたっぷりのご飯。

材料

米2合　新ごぼう1本　油揚げ1枚
昆布適量　酒大さじ1　薄口しょうゆ大さじ½

作り方

1　米はといで浸水させます。ごぼうはささがきにして水にさらします。油揚げは熱湯をかけて油抜きし、細かく刻みます。
2　米は水加減して酒、薄口しょうゆを加えてざっと混ぜ、昆布、水けを絞ったごぼう、油揚げをのせて炊きます。
3　昆布をとり除き、全体を混ぜます。

根三つ葉とお揚げの くるみあえ

香りよくシャキシャキの根三つ葉。
ごまの代わりにくるみであえて、
いつもと違ったあえ物に。

材料
根三つ葉1束　油揚げ1枚
くるみ10粒
砂糖、薄口しょうゆ各大さじ½

作り方
1　根三つ葉は沸騰した湯に根元から入れてさっとゆで、冷水にとって冷まし、水けをよく絞って4〜5cm長さに切ります。
2　油揚げはフライパンでパリッと香ばしく両面を焼き、細く切ります。
3　くるみはフライパンでから炒りするかオーブントースターでローストし、すり鉢でするか、瓶の底などでつぶし、砂糖と薄口しょうゆを加えます。
4　ボウルに1と2を入れて混ぜ、3であえます。

かき玉汁

ほかのお菜が地味な色合いのときは
卵ふわふわでお花畑のような
このお汁をどうぞ。

材料
卵1個　三つ葉適量
出し汁カップ2　薄口しょうゆ、塩各適量
水溶き片栗粉適量

作り方
1　出し汁を温めて薄口しょうゆと塩で味を調えます。かるく煮立った状態で水溶き片栗粉を回し入れ、とろみをつけます。
2　卵を割ってよく溶き、菜箸に沿わせるようにして1に流し入れます。ふわっと卵が浮いてきたらかるく混ぜて火を止めます。
3　椀に注ぎ、刻んだ三つ葉を散らします。

卵を流し入れるときもかるく煮立った状態で。青みは何でも。黒こしょうも合います。

卯月 第4週の献立
食べごたえのある
スペアリブが主役の献立！

そら豆ご飯

スペアリブとうどの酢煮

トマトとクレソンのごまドレッシング

シンプル茶碗蒸し

年中出回っているトマト。
旬は夏かと思いきや、
春もおいしいそうです。
種類もいろいろありますが、
味の濃い甘みの強いトマトで
シンプルなサラダに。
スペアリブはしっかり味、
その他のお菜はさっぱり味にして、
バランスのよい献立に。

スペアリブとうどの酢煮

脂が多い肉を酢で煮て
さっぱりと。
濃いめの味つけで
ご飯が進むお菜です。

材料

豚スペアリブ300〜400g　うど1本
米酢カップ¼　A（しょうゆ、砂糖各大さじ2
しょうがの薄切り1かけ分）　木の芽適量

作り方

1　煮込み鍋かフライパンにスペアリブを入れ、こんがり焼き色がつくまで全面を焼きつけます。

2　出てきた脂はキッチンペーパーでふきとり、米酢を加えて強火で酸味をとばします。Aを加え、水をひたひたに注ぎ、落としぶたをして中火で15分ほど煮ます。

3　うどは皮をむいて大きめに切り、2に加え、強火にして煮汁をからめます。

4　器に盛って木の芽を添えます。

酢は黒酢を使っても。その場合は砂糖の分量を減らしてください。スペアリブの代わりに骨つきの鶏肉を煮てもよく、れんこんを一緒に煮るのもおすすめです。

そら豆ご飯

お豆はざくざくと混ぜてパッチワークのようなご飯に。

材料
米2合　もち米大さじ1〜2　そら豆約20粒　油揚げ1枚
酒、塩各少々　昆布適量

作り方
1　米はもち米と合わせてといで、浸水させます。
2　そら豆は薄皮をむき、油揚げは熱湯をかけて油抜きし、小さな色紙切りにします。
3　米は水加減して酒と塩を加えてざっと混ぜ、昆布と2をのせて炊きます。
4　昆布をとり除き、全体を混ぜます。

もち米を入れるともちもちした食感になりますが、なければ省いても。そら豆の色をきれいに仕上げたいときは、蒸らす直前に加えるとよいでしょう。

トマトとクレソンの ごまドレッシング

トマトはよく冷やして。
ピリッと辛みのある
クレソンとよく合います。

材料
トマト2個　クレソン1束
しょうゆ大さじ1　米酢、オリーブ油、すり白ごま各大さじ2

作り方
1　トマトは皮を湯むきします。種をざっととり除いてざく切りにし、キッチンペーパーにのせて水けをとります。
2　クレソンはかたい茎をとり除き、やわらかい部分をざく切りにします。
3　しょうゆと米酢を混ぜ、オリーブ油を加えてよく混ぜ合わせ、ごまを加え、トマトとクレソンをあえます。

> クレソンは食べる直前に加えます。オリーブ油の代わりにごま油でもおいしいです。

シンプル茶碗蒸し

おいしくお出しがひけた日にぜひ。
火加減に注意すると
なめらかに仕上がります。

材料
卵2個　出し汁カップ2
薄口しょうゆ小さじ2
ゆで筍の姫皮、スナップえんどう各適量

作り方
1　ボウルに卵を溶きほぐし、出し汁を加えてざるでこします。薄口しょうゆを加えて混ぜ、器に注ぎます。
2　蒸気の上がった蒸し器に入れ、強めの中火で1分30秒〜2分、全体が白っぽくなったら弱火で7〜10分、竹串を中心に刺して透明な汁が出るまで蒸します。
3　姫皮はせん切りにし、スナップえんどうは茶碗蒸しの脇で蒸してから斜め切りにし、2にのせてさっと蒸して温めます。

卯月の手仕事

筍の水煮

自家製の水煮があると、春らしい献立が手軽に！

材料と作り方

1　筍適量は穂先を斜めに切り落とし、たっぷりの湯にぬか1つかみとともに入れます。落としぶたをし、竹串がすっと通るまで1時間〜1時間30分ゆで、そのまま冷まします。

2　ぬかを洗って皮をむき、適当に切って瓶に入れ、瓶の口まで水を注いでかるくふたをします。瓶の口が浸らない程度の湯で30分ほど煮、ふたをしっかり閉めてさらに30分ほど煮沸します。

3　ふたを下にして置いて冷まします。
※保存期間は冷蔵庫で半年ほどです。

> 筍は限られた季節だけのもの。
> いつもまとめてゆでて、瓶詰で保存しています。
> 自家製の水煮はやっぱりおいしくて、
> いろいろなお料理に使えるので重宝します。

皐月
==========
May.

木々の新緑が美しく
心地のいいさわやかな風がそよぎます。
待ちに待ったゴールデンウィークには
人が集まることもあるでしょう。
春と初夏の食材を使って
明るく元気の出るお菜を。
たいや初がつおもおいしい頃です。
食卓がパッと華やかになります。
らっきょうや実山椒、新しょうがも
そろそろ並び始めます。
ピリッとした刺激的な辛みが
いいお味のアクセントに。

皐月
第1週

皐月 第1週の献立
スパイシーなカレーで
連休を元気に過ごします！

キーマカレー

なすのアンチョビ炒め

トマトスープ

春の大型連休の週。
休日らしく
元気の出そうな
明るいお献立です。
食べごたえがあり、
まとめて作れるカレーと
手軽にできるお菜の組み合わせ。
残ったカレーは、
卵焼き、パスタ、炒飯などに
使えるので本当に便利です。

キーマカレー

トマトジュースで煮込むと
しっとりした仕上がりに。
好みのスパイスを加えても。

材料
ひき肉（牛、または合いびき）300g　玉ねぎ1個　油少々　カレー粉大さじ2〜3　塩、トマトジュース、水各適量　A（ウスターソース大さじ1　固形ブイヨン½個）　グリンピース（生、または冷凍）適量　こしょう、バター各少々　ご飯、半熟ゆで卵、粗びき黒こしょう各適量

作り方
1　玉ねぎを粗みじん切りにして油で炒め、ふたをして蒸し煮にします。ひき肉、カレー粉、塩小さじ1弱を加えてポロポロに炒めます。
2　トマトジュースと水をひたひたに注いでAを加え、ふたをして弱めの中火で10分煮込みます。
3　グリンピースを加え、強火にして水分をとばし、バター、塩、こしょうで味を調えます。
4　器にご飯を盛り、3をかけ、半分に切った半熟ゆで卵をのせ、黒こしょうをふります。

にんじんやセロリ、きのこなどを細かく刻んで加えてもおいしい！　冷蔵で3日ほど保存可能。

なすのアンチョビ炒め

アンチョビとなすが好相性。
冷えたビールや白ワインのお供にも。

材料
なす4〜5本　塩少々　アンチョビ（フィレ）3枚
オリーブ油大さじ1　白ワイン少々　イタリアンパセリ適量

作り方
1　なすは輪切りにして塩をふってしばらくおき、出てきた水けをふきとります。
2　アンチョビは粗く刻みます。
3　フライパンにオリーブ油を熱してなすの両面がこんがりするまで焼き、アンチョビとワインを加えて全体を炒め合わせます。
4　器に盛り、刻んだイタリアンパセリをちらします。

ズッキーニで作っても。白ワインは酒や水でも構いません。アンチョビは焦げやすいので注意して炒めてください。

トマトスープ

真っ赤で目からも元気がもらえます。
トマトと玉ねぎがあればさっとできます。

材料
トマト2個　玉ねぎ¼個　オリーブ油少々　水カップ2
固形ブイヨン、塩、こしょう各少々　イタリアンパセリ適量

作り方
1　トマトはへたをとってざく切りにし、玉ねぎは粗みじん切りにします。
2　鍋にオリーブ油を熱してトマトと玉ねぎをさっと炒め、分量の水と固形ブイヨンを加えます。煮立ったら塩、こしょうで味を調えます。
3　器に盛って刻んだイタリアンパセリをふります。

最後に溶き卵を加えてもおいしい。カレー粉、クミン、コリアンダー、カイエンヌペッパーなどを加えるとエスニック風味になります。

> 皐月 第2週の献立
> ## 春と初夏の大好きな味を両方とも味わいます！
> 新しょうがご飯
> かつおとルッコラのサラダ仕立て
> えびとそら豆のかき揚げ
> 沢煮椀

皐月 第2週

汗ばむ日もあって、
春も終盤です。
過ぎ去る春の味を
急いで味わいたくなります。
それと入れ替わるように、
かつおや新しょうがなどの
初夏の味も登場です。
新しょうがは、
これからの季節に大活躍。

かつおとルッコラのサラダ仕立て

玉ねぎをたっぷり。
まぐろやサーモンで
作ってもおいしい。

材料
かつお（刺身用さく）適量
ルッコラ1束　赤玉ねぎ¼個
A（しょうゆ、米酢、ごま油各大さじ1　みりん、おろししょうが各小さじ1　豆板醤小さじ⅓　いり白ごま適量）

作り方
1　強火で熱したフライパンにかつおを入れて全面をさっと焼きつけ、食べやすく切ります。
2　ルッコラはざく切り、赤玉ねぎは薄切りにし、それぞれ水にはなしてパリッとさせ、水けをよくきります。
3　Aを混ぜ合わせて、ドレッシングを作ります。
4　食べる直前に1、2を合わせドレッシング適量であえます。

ちょっと裏話
かつおのたたきはサラダ仕立てにしてボリュームのある一品にして味わいました。沢煮椀は冷蔵庫にある野菜で。

赤玉ねぎの代わりに新玉ねぎでも。ドレッシングは、ポン酢しょうゆにごま油と白ごまを加えたものにしても。

えびとそら豆のかき揚げ

えびの赤とそら豆の緑がよい色合い。

材料
えび（中ぐらいのもの）8尾　そら豆12粒　新ごぼう½本
衣（卵½個　氷水40〜50mℓ　小麦粉カップ½）
揚げ油、塩、レモン各適量

作り方
1　えびは殻をむき、背側に切り目を入れて背わたをとり、一口大に。そら豆は薄皮をむき、ごぼうは細切りにして水にはなします。
2　衣の卵と氷水を混ぜ、小麦粉をふるい入れてざっと混ぜます。
3　1を合わせて小麦粉少々（材料外）をまぶします。2を加え、¼量ずつまとめて170℃の揚げ油で揚げます。
4　器に盛り、塩とくし形に切ったレモンを添えます。

天ぷらの衣は、卵＋氷水と小麦粉を同量にするのが基本。かき揚げは少しゆるめに、水分を少し多く。揚げるときは、平たい木べらなどに具をのせ、滑らせて油に入れると、きれいに仕上がります。

新しょうがご飯

初夏を先どりする、
さわやかなご飯です。
焼いたお肉をのせて丼物にしても。

材料
米2合　新しょうが1かけ　油揚げ1枚
昆布適量　酒大さじ1　塩小さじ½

作り方
1　米はといで浸水させます。新しょうがは細切りにし、油揚げは熱湯をかけて油抜きし、細切りにします。
2　米は水加減して酒と塩を加えてざっと混ぜ、昆布、しょうが、油揚げをのせて炊きます。
3　昆布をとり除き、全体を混ぜます。

5月の半ばから出始める新しょうが。みずみずしくてさわやかな辛みが特徴です。

沢煮椀

春の野菜がたっぷりのお椀です。
本来は豚の背脂が入りますが、
手軽に豚ばらの薄切り肉で。

材料
うど10cm　にんじん5cm　絹さや5～6枚　生しいたけ2～3個　豚ばら薄切り肉60g　出し汁カップ2　A（薄口しょうゆ、塩各適量）　粗びき黒こしょう適量

作り方
1　うどとにんじんはせん切り、絹さやはすじをとって斜め細切り、しいたけは軸をとって薄切り、豚ばら肉も細切りにします。
2　出し汁を煮立て、豚肉を加えて煮、あくをとります。野菜も加えて歯ごたえを残すようにさっと煮て、Aで味を調えます。
3　椀に盛り、粗びき黒こしょうをふります。

具は大きさをそろえて切り、野菜は煮すぎないことがポイント。ほかに、三つ葉、新ごぼう、セロリなどもおいしい。

> 皐月 第3週の献立
> ## 甘辛いあじと
> ## 緑がさわやかなお献立。
> 山椒ご飯
> ---
> あじのごま蒲焼き
> ---
> 新じゃがと豆のサラダ
> ---
> トマトの豚汁

皐月 第3週

実山椒は魚を煮るときに加えたり、つくだ煮にしたりと、大好きな薬味です。出回る期間が短いので、店頭で見つけたら手に入れて保存しておきます。あじや新じゃが、グリンピースも、おいしいのはこの時期。いろいろなお菜で味わいます。

あじの ごま蒲焼き

蒲焼きはご飯が進む定番のお菜です。旬のあじを使って、ごまをたっぷりと。

材料
あじ2尾　ピーマン2個
小麦粉、油各適量
A（しょうゆ、みりん各大さじ2）
いり白ごま適量

作り方
1　あじは三枚におろし、小麦粉を全体にまぶします。
2　ピーマンは縦半分に切り、へたと種をとって一口大に切ります。
3　フライパンに油を熱し、あじの両面を香ばしく焼き、あいたところでピーマンも焼いてピーマンはとり出します。Aを加えて強火で全体にからめます。
4　器にあじとピーマンを盛りつけ、あじにごまをふって仕上げます。

あじを焼くときは、返す回数を最小限にすると、身がくずれにくくなります。みりんを砂糖にすると、しっかり甘辛く味がつきます。

新じゃがと豆のサラダ

塩とオリーブ油のあっさり味。
和風の献立にも合います。

材料

新じゃが芋2個　グリンピース（生）カップ¼　玉ねぎ¼個
塩、こしょう各適量　オリーブ油大さじ2　粗びき黒こしょう少々

作り方

1　じゃが芋は皮を洗い、水とともに鍋に入れて火にかけ、竹串がすっと通るくらいまでゆでます。グリンピースは、時間差で加えて一緒にゆでます。
2　玉ねぎは薄切りにし、塩少々をふってもみ、水けを絞ります。
3　じゃが芋は熱いうちに皮をむき、木べらなどでざっくりとつぶし、グリンピースと2を加えて混ぜ、塩、こしょうで味を調え、オリーブ油を混ぜます。器に盛って、粗びき黒こしょうをふります。

ゆで卵、くるみなどを加えるとボリュームが出ます。新玉ねぎや赤玉ねぎを使う場合は塩もみしなくて大丈夫です。

山椒ご飯

生の実山椒を刻んで
炊きたてご飯に混ぜるだけ。
フレッシュな辛みがさわやか！

材料
米2合　実山椒大さじ3〜4
昆布適量　酒大さじ1　塩小さじ½

作り方
1　米はといで浸水させます。水加減して酒と塩を加えてざっと混ぜ、昆布をのせて炊きます。
2　実山椒は枝をとり除いて洗い、細かく刻みます。
3　1の昆布をとり除き、実山椒を加えて全体を混ぜます。

実山椒は、買ってきたらすぐに調理するか、枝をとって洗い、ゆでてから冷凍保存を。時間が経つと黒っぽくなるため、早めに使いましょう。

トマトの豚汁

トマトはみそとの相性も
とてもよい野菜です。
具だくさんで食べごたえも。

材料
豚薄切り肉60g　トマト1個　長ねぎ½本
木綿豆腐½丁　出し汁カップ2　みそ適量
七味唐がらし適宜

作り方
1　豚肉は一口大に切ります。トマトは横半分に切って種をとり、ざく切りにします。長ねぎは1cm幅の小口切りにします。
2　出し汁を煮立てて1を加え、豆腐はくずしながら加えて煮ます。あくが出たらとり除き、一煮したらみそを溶き入れます。
3　椀に盛り、好みで七味をふります。

具をさっとごま油で炒めてから煮るとこくが出ます。豆板醤などを入れてピリ辛にしてもまた違ったおいしさです。

皐月 第4週の献立
ちょっと贅沢に春の魚介を味わいます。

たいのごまみそ丼

はまぐりの卵とじ

揚げらっきょう

冷やし出しトマト

皐月 第4週

名残のたいとはまぐり。
2つ並ぶと贅沢ですが、
この春最後に登場させました。
生のらっきょうは、
お肉とさっと炒めたり、揚げたり、
油との相性がよく、おいしいお菜に。
甘酢漬けにする前に楽しみたい味です。

たいのごまみそ丼

そろそろ名残の"たい"。
甘辛のたれにつけて、
丼にして楽しみます。

材料
たい（刺身用さく）適量
たれ（しょうゆ大さじ2　みりん大さじ½　みそ小さじ1　すり白ごま大さじ2　わさび少々）
ご飯、のり、三つ葉各適量

作り方
1　たいは薄造りにし、ボウルに混ぜ合わせたたれに加えてからめます。
2　炊きたてのご飯を器に盛り、のりをちぎって敷いて1をのせ、刻んだ三つ葉をふります。

ちょっと裏話
撮影で使ったはまぐりとたいが少し残っていました。これを使ってごちそうに。

まぐろやあじで作っても。刺身をたれにつけて時間をおくと味が濃くなります。すぐにいただかない場合は酒を少し加えておきましょう。お茶漬けにしてもおいしいです。

はまぐりの卵とじ

貝のおいしいお出しを含んだふわふわ卵。
熱々をどうぞ。

材料
はまぐり（塩水につけて砂出しし、よく洗う）4個　昆布適量
水カップ1½　薄口しょうゆ適宜　卵2個　三つ葉適量

作り方
1　鍋にはまぐり、昆布、分量の水を入れて火にかけ、煮立ったら昆布をとり除きます。はまぐりの口が開いたらあくをとり、味をみて必要なら薄口しょうゆで味を調えます。
2　はまぐりをとり出して貝から身をはずし、身は戻し入れます。
3　再び火にかけ、煮立ったらざっくり混ぜた溶き卵を流し入れ、かるく混ぜ、ふたをして火を止めます。刻んだ三つ葉を散らします。

はまぐりは火にかけすぎると身が縮んでしまうので、口が開いたら手早く仕上げましょう。粉山椒をふってもおいしいです。ご飯を加えてお酒の後の締めにもおすすめ。

揚げらっきょう

らっきょうを買ってきたら
つける前にとり分けて。
お酒好きにもウケるおつまみ風。

材料
らっきょう、揚げ油各適量
塩、粗びき黒こしょう各少々

作り方
1　らっきょうは洗い、皮をむいて根を切ります。
2　揚げ油を170℃に熱してらっきょうを素揚げにします。
3　熱々のうちに塩、こしょうをふります。

冷やし出しトマト

トマトをお出しにつけるだけ。
一晩たったら食べ頃！
簡単なのに滋味深い味です。

材料
トマト2個
A（出し汁カップ1　薄口しょうゆ大さじ1　塩適量）　青じそ適量

作り方
1　トマトは湯むきします。
2　Aを一煮立ちさせ、冷まします。
3　容器に2とトマトを入れて冷蔵庫に一晩おきます。
4　トマトをくし形に切り、形を戻して器に盛り、3の出し汁を張ってせん切りにした青じそをのせます。

おろししょうがやみょうがのせん切りをのせても。つけるときは、保存袋などにトマトを入れ、空気を抜いておくとよいでしょう。

皐月の手仕事

らっきょう漬け
意外に簡単ならっきょう漬け。手作りなら好みの味に！

材料と作り方

1　泥つきらっきょう1kgは洗います。
2　水1ℓと塩120gを煮立たせて冷まし、1をつけて5日ほど冷暗所におきます。
3　らっきょうの根と芽を切り、1時間ほど水にさらして塩抜きし、水けをきります。
4　米酢カップ1½、氷砂糖200g、水カップ¾を煮立たせて冷まし、煮沸消毒した容器に3と赤唐がらし2本とともに入れます。冷暗所におき、1週間後くらいから食べられます。
※保存期間は冷暗所で1年ほどです。

そのまま食べるだけでなく、タルタルソース、あえ物、炒飯などにも使います。食べ頃まで待てずに、つまんでしまうこともあり、「来年はもっとつけよう！」と量が増えていきます。

水無月

June.

雨の季節の到来。
恵みの雨でもありますが、
ムシムシして
食欲がない日もあります。
そんなときにはさわやかな風味のあるもの、
喉ごしのよいもの、
メリハリのある味つけのものなどで
ご飯が進む工夫を。
買い物に出るのも億劫ですが
久しぶりのとうもろこしに出会えます！
まず作るのは太陽の色のとうもろこしご飯。
じめじめも吹き飛ぶおいしさです。

水無月
第1週

水無月 第1週の献立
待望のとうもろこしご飯が主役です！

とうもろこしご飯

鶏手羽の山椒煮

アスパラとクリームチーズのおかかあえ

オクラと豆腐のごまみそ汁

今月は雨の季節。
ムシムシして
食欲が出ない日もありますね。
さわやかな風味のもの、
ツルッと喉ごしのよいもの、
少し濃いめの味つけのもので
食が進む工夫をします。
この時期、とうもろこしが
出回り始めます。まず作るのは、
太陽の色のとうもろこしご飯。

とうもろこしご飯

しょうがを入れると
味が引き締まって
甘さが引き立ちます。

材料
米2合　とうもろこし1本
しょうがのせん切り1かけ分　昆布適量
酒大さじ1　塩小さじ½

作り方
1　とうもろこしは包丁で削りとります。
2　米はといで浸水させます。水加減して塩と酒を加えてざっと混ぜ、昆布、とうもろこし、しょうがをのせて炊きます。
3　昆布をとり除き、全体を混ぜます。

とうもろこしの芯を一緒に加えて炊くと、風味がよくなります。カレーに添えるご飯にしても。

鶏手羽の山椒煮

山椒の風味がさわやか。
濃いめの味つけで食が進みます。

材料

鶏手羽中6本　実山椒大さじ2　新じゃが芋小2〜3個
油少々　酒カップ¼　A（水カップ½　しょうゆ、みりん各大さじ2）

作り方

1　新じゃがは皮をむいて一口大に切ります。
2　鶏手羽は油を薄くひいた鍋に入れて、両面に焼き色がつくまでよく焼きます。酒を加えて煮立たせ、新じゃが、A、実山椒を加え、落としぶたをして10分ほど煮ます。
3　仕上げに強火にして汁けをとばし、全体をからめます。

実山椒は生のものを使いましたが、手に入らない場合はつくだ煮を水にさらしてから使うといいでしょう。もしくは仕上げに粉山椒をふっても。

アスパラとクリーム チーズのおかかあえ

チーズ＋おかか＋しょうゆは
実は相性抜群です。

材料
アスパラガス 3 本　クリームチーズ 40g
削り節適量　薄口しょうゆ小さじ 1
オリーブ油小さじ 2

作り方
1　アスパラガスは根元の皮をむいて塩ゆでし、2cmほどの長さに切り、クリームチーズは手で小さく分けます。
2　薄口しょうゆとオリーブ油をよく混ぜ合わせ、アスパラガスとクリームチーズ、削り節をあえます。

アスパラガスはひたひたの湯で蒸らすようにゆでます。チーズはプロセスチーズやパルメザンチーズなどでも。

オクラと豆腐の ごまみそ汁

食欲のないときにも
スルスルッといただける
お汁です。

材料
木綿豆腐⅓丁　オクラ 4 本
出し汁カップ 2　みそ適量
すり白ごま大さじ 4

作り方
1　出し汁を温めてみそで味を調え、豆腐を手でくずしながら加え、細かくたたいたオクラを入れて一煮立ちさせます。
2　豆腐が温まったら器に注ぎ、すりごまをたっぷりかけます。

たたいた山芋を入れてもおいしく、ご飯にかけていただいても。

水無月 第2週の献立
ガツンとしたお肉のお菜で蒸し暑さに対抗。

らっきょう炒飯
牛すね肉のしょうが煮
野菜の焼き浸し
とうもろこしのかき玉汁

水無月 第2週

梅雨入り間近。
暖かい日もあれば雨の肌寒い日もあり、
体調をくずしやすい頃ですから、
滋養のある食事を心がけたいものです。
今週は作りおきできるお菜を
駆使したお献立でした。
時間に余裕のあるときに、
作っておくと便利です。

牛すね肉のしょうが煮

食欲の落ちるこの時期、
やわらかく煮込んだ
牛肉で滋養を。

ちょっと裏話
この週は仕事が立て込んでいて、
作りおきできるお菜でやりくり。
炒飯とかき玉汁を
さっと作ってお夕食に。

材料（作りやすい分量）
牛すね肉 400g　しょうがの薄切り 2かけ分
油適量　酒カップ ¼
みりん、しょうゆ各大さじ 2

作り方
1　牛すね肉は適当な大きさに切り、油をひいた鍋に入れて焦げ目がつくまでしっかり全面を焼きつけます。
2　酒を加えて煮立たせ、かぶるくらいの水、しょうがを加え、ふたをして弱火で肉がやわらかくなるまで煮ます。
3　牛肉に竹串がスッと通るくらいになったら、みりんとしょうゆを加え、落としぶたをして30分ほど弱火でコトコト煮ます。途中で水分がなくなったら水を適宜足します。最後に強火にしてたれをからめます。

私はコトコト時間をかけて煮ますが、圧力鍋を使うと短時間でできます。しっかり甘辛く仕上げたいときは砂糖を加えてください。実山椒を加えてもおいしいです！　冷蔵庫で3〜4日保存できます。温め直して供しましょう。

野菜の焼き浸し

お好みの野菜をとり合わせて。大きめに切るとボリュームが出ます。

材料（野菜の分量はお好みで）
かぼちゃ　赤パプリカ　さやいんげん
出し汁カップ1　A（薄口しょうゆ、みりん各大さじ1½）
揚げ油適量　青じそのせん切り適宜

作り方
1　出し汁にAを加えて一煮立ちさせ、冷ましておきます。
2　かぼちゃは厚めのくし形に切り、赤パプリカは乱切り、さやいんげんはへたを切り落とします。
3　170℃の揚げ油で2を素揚げし、揚げたてを1につけます。
4　器に盛り、好みで青じそをのせます。

野菜は、なすやズッキーニなどでも。青じその代わりに、おろし大根やおろししょうが、みょうがのせん切りなどを添えても。

らっきょう炒飯

らっきょうでさっとできる炒飯。
さっぱりといただけます。

材料
ご飯茶碗2杯分
らっきょうの甘酢漬け6〜8粒
しいたけ3個　豚薄切り肉50g　油、塩各
適量　こしょう少々
青じそのせん切り適量

作り方
1　らっきょうとしいたけは刻み、豚肉は細切りにします。
2　油で豚肉をカリッと炒め、ご飯を加えてほぐし炒めます。しいたけとらっきょうを加えて炒め、塩、こしょうで調味します。
3　器に盛って青じそをのせます。

ご飯は温かくして炒めるとほぐれやすく、フライパンに入れたら押さえつけるようにするとパラパラになりやすいでしょう。

とうもろこしのかき玉汁

とうもろこしの甘みは
お出しにもよく合います。

材料
とうもろこし½本　卵1個
出し汁カップ2　塩、薄口しょうゆ、
水溶き片栗粉各適量
粗びき黒こしょう適宜

作り方
1　包丁で削りとったとうもろこしを出し汁で煮、甘い香りがしてきたら塩と薄口しょうゆで味を調えます。
2　水溶き片栗粉でとろみをつけ、卵を溶いて回し入れ、菜箸でクルッと一混ぜして火を止めます。
3　椀に注ぎ、好みで黒こしょうをふります。

水無月 第3週の献立
待ちに待った
はもの季節が到来です！

白飯

はものフライ

翡翠なす

細切り野菜のお汁

はもは梅雨から秋までがおいしい時期。
梅雨の水を飲んでうまくなるといわれます。
上品で淡泊なお味ですが、
生命力が強く、栄養も抜群。
関西人には欠かせないお魚で、
わが家でもいろいろに楽しみます。
出始めの今週、早速フライにしてみました。

はものフライ
サクサクの衣と
ふわっとした身を楽しみます。

材料
はも（おろして骨切りしてあるもの）1尾
小麦粉、溶き卵、パン粉各適量
揚げ油、すだち、塩各適量

作り方
1　はもは食べやすい大きさに切り、小麦粉、溶き卵、パン粉の順に衣をつけ、170℃の揚げ油でカラッと揚げます。
2　器に盛り、くし形に切ったすだちと塩を添えます。

はもは生でも湯引きでも。皮に梅肉を塗り、青じそを貼りつけてから衣をつけてフライにしてもおいしい。また、パン粉は細かく砕くとまんべんなくつきます。

水無月
第3週

翡翠なす

きれいな色とトロリとした食感。
なすのおいしさが味わえます。

材料
なす6本　おろししょうが、揚げ油各適量
A(出し汁カップ1　薄口しょうゆ、みりん各大さじ1)

作り方
1　Aを合わせて一煮立ちさせ、冷やしておきます。
2　なすは両端を切って170℃の揚げ油で素揚げします。油から引き上げたら氷水に落とし、素早く皮をむいて水けをキッチンペーパーでふきとり、1につけます。
3　器になすを盛っておろししょうがをのせ、1をかけます。

なすは、太い部分を箸ではさんでみてへこんだら火が通っています。氷水で急冷して素早く皮をむくと翡翠色に仕上がります。

細切り野菜のお汁

少しずつ残った野菜で作りました。
具を同じ長さにそろえるのが
きれいな仕上がりのコツ!

材料
アスパラガス、にんじん各適量
油揚げ1/2枚
出し汁カップ2　薄口しょうゆ、塩各適量
青じそのせん切り少々

作り方
1　アスパラガスとにんじんは長さをそろえて細切りにし、油揚げは熱湯をかけて油抜きして同じ長さの細切りにします。
2　出し汁を煮立たせて1をさっと煮、薄口しょうゆと塩で味を調えます。
3　椀に盛り、青じそをのせます。

> 水無月 第4週の献立
> **梅やみょうがで
> さわやかな風味を。**
>
> 梅とお揚げのご飯
> ---
> 肉団子とかぼちゃの炒め物
> ---
> 枝豆と豆腐のあえ物
> ---
> なすとみょうがのごまみそ汁

水無月
第4週

6月末ともなると、枝豆やかぼちゃなど、夏が旬のものが本格的に出回ります。じめじめした季節ですから、献立にはさっぱりといただけるものをとり入れます。なるべく火を使う時間が短いお菜を組み合わせるようにしてみました。

肉団子と
かぼちゃの
炒め物

少しのひき肉でできる、
甘辛の炒め物です。
ほくほくのかぼちゃが
おいしい。

材料
肉団子（合いびき肉150g　塩小さじ¼　しょうが汁小さじ½　青じそ3枚）
かぼちゃ⅛個　さやいんげん10本
油適量　みりん、しょうゆ各大さじ1½

作り方
1　青じそは細かく刻み、その他の肉団子の材料と合わせてよく練り、一口大に丸めます。
2　かぼちゃは1cm厚さの一口大に切り、さやいんげんは長さを半分に切ります。
3　フライパンにかぼちゃと水大さじ2を入れ、ふたをして蒸し焼きにします。
4　かぼちゃがほぼやわらかくなったら油を加え、肉団子を入れて焼きます。両面が焼けたらさやいんげんを加えて全体を炒め合わせ、みりん、しょうゆを全体にからませます。

かぼちゃは西洋かぼちゃが合います。

ちょっと裏話

今週は少しずつ残っていた食材でできたお献立です。
なかなかの満足献立！

枝豆と豆腐のあえ物

くずした絹豆腐をあえたさっぱり味。
しいたけは網で焼くとよりおいしい。

材料

絹ごし豆腐½丁　枝豆適量　しいたけ2個　みょうが1個
薄口しょうゆ大さじ1　ごま油大さじ½

作り方

1　豆腐はバットなどにキッチンペーパーを敷いた上にのせてしばらくおき、かるく水けをきります。
2　枝豆は塩ゆでしてさやからはずし、薄皮をむきます。しいたけは軸をとって網焼きにし、細切りにします。みょうがはせん切りに。
3　1の豆腐をざっくりくずして2と合わせ、薄口しょうゆとごま油であえます。

ねぎやごま、しょうが、青じそなどの薬味を加えても。ごま油をオリーブ油にしてもおいしいです。

なすとみょうがの ごまみそ汁

さっとできるおみそ汁です。
仕上げに加えるごまはたっぷり。

材料
なす1本　塩少々　みょうが2個
いり白ごま大さじ3〜4
出し汁カップ2　みそ適量

作り方
1　なすは薄切りにして塩をふり、しばらくおいて水けを絞ります。
2　みょうがは小口切りにし、ごまはすり鉢でかるくするか包丁で切ります。
3　出し汁を煮立ててなすとみょうがを入れ、一煮立ちしたらみそを溶き入れ、ごまを加えて火を止めます。

みょうがとごまはたっぷり！　がおいしいお汁。赤だしみそがよく合います。

梅とお揚げの ご飯

梅干し入りでお弁当にも向きます。
今日は俵形ににぎってみました。

材料
米2合　酒大さじ1　昆布適量
梅干し1〜2個　油揚げ1枚

作り方
1　油揚げは熱湯をかけて油抜きし、細かく刻みます。
2　米はといで浸水させます。水加減して酒を加えてざっと混ぜます。昆布、梅干し、油揚げをのせて炊きます。
3　昆布と梅干しの種をとり除き、全体を混ぜます。

炊き上がりにごまや刻んだ青じそを加えても。

水無月の手仕事

梅漬け
保存袋に少量ずつつける方法なら手軽にできます。

材料と作り方

1　梅1kgは洗ってなり口のへたをとり、ボウルに入れて粗塩180gをまぶします。

2　保存袋に梅が重ならないように入れ、空気を抜いて口を閉じます。バットに平らにおいて、上から空のバットをのせ、ときどき上下を返し、10日ほどおきます。

3　赤じそ（茎は除く）100gを洗い、粗塩25gと合わせてギュッギュッともみ、あくを絞って捨てます。粗塩25gを加えてさらにもみ、再度絞ります。

4　2で出てきた梅酢をとり出し、100mlを計量して赤じそと合わせ（使わなかった梅酢は調味料として使います）、保存袋に戻し入れます。2〜3ヵ月後から食べ頃です。

> 梅干しの酸味は夏の食事の必需品。
> 干すことができなければ、
> つけるだけでも大丈夫。
> 私は1kg単位で保存袋を使ってつけます。
> これなら場所もとらず、
> 作業も短時間ですみます。

文月
July.

じめじめした梅雨が明けると
暑さが急にやってきます。
枝豆やピーマン、なす、ズッキーニなどの
夏野菜をふんだんに使って
鮮やかなお菜を作りましょう。
力の出るお肉やお魚も忘れずに。
カレー粉などのスパイスや
香味野菜などを使うと
暑いときにも食が進みます。
関西でははもの季節!
手に入ったらぜひお家でも。

文月 第1週

文月 第1週の献立
香りよく、食欲をわかせる工夫を。

桜えびと枝豆のご飯
カレーしょうが焼き
たことピーマンのゆずこしょうあえ
白玉入りかぼちゃのおみそ汁

カレー粉は肉のくせをとってくれて、
いろいろな肉料理の
隠し味として優秀。
暑さや湿気で食欲がないときにも
ぴったりなので、しょうが焼きを
カレー風味にしました。
おみそ汁には白玉を。
一手間ですが、
ツルッとした喉ごしが楽しく、
ときどき無性に
作りたくなります。

桜えびと枝豆のご飯

干し桜えびは常備していると便利。
うまみのある
色鮮やかなご飯に仕上がりました。

材料
米2合　酒大さじ1　塩小さじ½
昆布適量　干し桜えび1つかみ
塩ゆでした枝豆適量

作り方
1　米はといで浸水させます。水加減して酒と塩を加えてざっと混ぜます。
2　昆布、干し桜えびをのせて炊きます。
3　昆布をとり除き、枝豆を加えて全体を混ぜます。

もち米を少し加えて炊いてもおいしいです。

カレーしょうが焼き

いつものしょうが焼きをひとひねり。
玉ねぎも炒めて野菜たっぷりのお菜に。

材料
豚しょうが焼き用肉240g　A（しょうゆ、みりん、酒各大さじ1　カレー粉大さじ½）　玉ねぎ、キャベツ、ゆで卵、マヨネーズ、粗びき黒こしょう、油各適量

作り方
1　豚肉はAにつけて10分ほどおきます。
2　玉ねぎは1cm幅に切ります。
3　フライパンにキャベツを入れて水大さじ1をふりかけ、ふたをして蒸し煮にします。とり出して1cm幅くらいに切ります。
4　3のフライパンに油を熱し、汁けをきった豚肉を焼きます。途中で玉ねぎを加え、残ったたれを加えて混ぜ、味をからめます。
5　器に3、4を盛り合わせます。半分に切ったゆで卵を添え、マヨネーズとこしょうをかけます。

白玉入りかぼちゃのおみそ汁

かぼちゃの甘さと
つるんとした白玉の
ちょっと楽しい汁物。

材料
白玉粉適量　かぼちゃ適量　油揚げ½枚
出し汁カップ2　みそ適量
しょうが汁小さじ1

作り方
1　白玉粉に水を加えて練り、直径1.5cmくらいの平たい円形に丸めます。沸騰した湯で浮いてくるまでゆで、水にとります。
2　かぼちゃは小さめの一口大に切ります。油揚げは熱湯をかけて油抜きし、1cm角に切ります。
3　出し汁で2を煮、かぼちゃがやわらかくなったら白玉を加え、みそを溶き入れます。仕上げにしょうが汁を加えます。

かぼちゃをくずれるまで煮てもおいしい。

たことピーマンのゆずこしょうあえ

旬の材料を組み合わせて
夏らしいお菜に。
日本酒が進む味つけです。

材料
ゆでたこ適量　ピーマン2個
A（ゆずこしょう小さじ¼～⅓　薄口しょうゆ大さじ½　米酢大さじ1　酒小さじ1　ごま油大さじ1）

作り方
1　たこは薄切りにし、ピーマンは縦半分に切り、へたと種をとってせん切りにします。
2　Aを混ぜ合わせて1をあえます。

ごま油をオリーブ油にしても。生のピーマンはシャキシャキして色もあせない優秀なお野菜！　たっぷり入れるとおいしいです。

文月 第2週

文月 第2週の献立
先週買ったかぼちゃを使いきる!

- かぼちゃご飯
- 小あじの南蛮漬け
- 鶏ささ身とズッキーニのごまあえ
- 落とし卵のおみそ汁

ほくほくして甘いかぼちゃは
好きな野菜の一つですが、
持て余してしまうことも。
そんなときは、
ご飯に炊き込みます。
夏の南蛮漬けは、
酸味をきかせてさっぱり味に。
甘みのあるご飯とも
よいバランスになります。

小あじの南蛮漬け

今がおいしいあじで
夏の定番お菜。
セロリ、すだち入りで
清涼感たっぷりです。

ちょっと裏話
いいあじを見つけたときに
まとめて作っておきました。
ささ身はいつもゆでて冷凍保存。
すぐに使えて便利です。

材料
小あじ6尾　小麦粉、揚げ油各適量
セロリ1本　玉ねぎ½個
A（米酢80〜90ml　薄口しょうゆ大さじ2〜3
砂糖大さじ3　水大さじ3〜5　赤唐がらし1〜2本　すだちの輪切り1個分）

作り方
1　鍋にAのすだち以外の材料を煮立て、火を止めて粗熱をとります。
2　セロリと玉ねぎは薄切りにし、1に加えてひたし、すだちも加えます。
3　あじは頭を落として内臓をとり、小麦粉をつけて170℃の揚げ油でじっくり揚げます。揚げたてを2に加えてつけます。

野菜は生で、あじは揚げたてを南蛮酢につけます。空気を抜くようにして〝落としラップ〟をすると味が早くしみ込みます。

鶏ささ身とズッキーニのごまあえ

ズッキーニは和食にも合います。
さやいんげんやきゅうりでも。

材料

ささ身2本　酒大さじ1　ズッキーニ½本
A（ささ身のゆで汁大さじ1　薄口しょうゆ、砂糖各小さじ1
すり白ごま大さじ3）　いり白ごま適量

作り方

1　ささ身は酒をふり、ズッキーニは短冊切りにします。
2　湯を沸かしてズッキーニをさっとゆでてとり出します。続いてささ身を入れ、すぐに火を止めてふたをし、中まで火を通します。ささ身の粗熱がとれたら細かく裂きます。
3　Aを混ぜ、2をあえます。器に盛り、いりごまをかけます。

あえ衣に練りごまを加えるとこくが出てクリーミーに。ささ身は、この方法でゆっくり火を通すとしっとりと仕上がります。まとめて作ってストックしておくと便利です。

かぼちゃご飯

ほくほくのかぼちゃご飯。
しょうがを加えると
キリッと味が締まります。

材料
米2合　酒大さじ1　塩小さじ½　昆布適量　かぼちゃ⅙個　しょうが1かけ

作り方
1　米はといで浸水させます。水加減して酒と塩を加えてざっと混ぜます。
2　かぼちゃは小さめの一口大に切り、しょうがはせん切りにします。
3　1に昆布、2をのせて炊きます。
4　昆布をとり除き、全体を混ぜます。

油揚げを加えて炊いても。かぼちゃは大ぶりに切り、くずすように混ぜ合わせてもいいでしょう。

落とし卵の
おみそ汁

卵好きには
たまらないおみそ汁。
何もないときのお助けにも。

材料
卵2個
出し汁カップ2　みそ適量
絹さや少々

作り方
1　出し汁を煮立てて、卵を割ってそっと落とし入れ、静かに煮て卵に火を通します。
2　みそを溶き入れ、細く切った絹さやを加えて煮ます。

落とし卵はおすましの椀種にもなります。

文月 第3週の献立
お肉で夏に負けないスタミナを！

ビフテキ丼

しし唐とお揚げの煮浸し

くずし山芋のおみそ汁

暑さに備えて、ビフテキでスタミナ補給。神戸の祖母はビフテキを焼くのがとっても上手でした！私にとっては、ステーキではなく、やっぱり"ビフテキ"。山芋も滋養のある食べ物ですね。今週はパワフルなメニューです。

ビフテキ丼
ときには贅沢にビフテキ！たっぷりのねぎと一緒に。

材料
牛ステーキ用肉（室温にもどす）1枚　塩、こしょう各適量　油少々　A（しょうゆ、酒各大さじ1　みりん大さじ½）　青ねぎの小口切り適量　B（しょうゆ、オリーブ油各少々）　ご飯、焼きのり、わさび各適量

作り方
1　フライパンに油を熱し、塩、こしょうをした牛肉を入れて強火で30秒～1分、弱火で1～2分、返して強火で2～3分焼きます。とり出して2～3分休ませ、切り分けます。
2　1のフライパンにAを入れ、一煮立ちさせます。
3　青ねぎはBであえます。
4　丼にご飯を盛ってのりをちぎってのせ、3、1をのせ、わさびを添えます。食べるときに2のたれを好みでかけます。

文月
第3週

しし唐とお揚げの煮浸し

夏の煮浸し。
熱々でも冷たくしても。

材料

しし唐1パック　油揚げ1枚　ごま油大さじ½　A（酒大さじ1　出し汁カップ½　薄口しょうゆ大さじ½　みりん少々）削り節適量

作り方

1　しし唐は包丁で1ヵ所穴をあけます。油揚げはフライパンで焦げ色がつくまで焼いて細く切ります。
2　フライパンにごま油を熱してしし唐を焼き、油揚げ、Aを加えて一煮立ちさせます。
3　削り節を加えてざっと混ぜます。

豚肉や桜えびを加えるとうまみが出て、ボリュームアップ。ピーマンや万願寺唐がらしなどでも。

くずし山芋のおみそ汁

ツルツルの喉ごしとシャキシャキの歯ごたえが味わえます。

材料

山芋10cm
出し汁カップ2　みそ適量
青じそのせん切り適量

作り方

1　山芋は皮をむき、ポリ袋に入れて、めん棒や瓶などでたたいてくずします。
2　出し汁に1を入れて一煮立ちさせ、みそを溶き入れます。
3　椀に注いで青じそをのせます。

食欲のないときにも。オクラや納豆を加えてもおいしいです。

> 文月 第4週の献立
> **関西の夏の味を満喫！**
> 青じそご飯
> ---
> はも焼き
> ---
> 賀茂なすの田楽
> ---
> はもにゅうめん

文月 第4週

今週は、はもづくしの献立です。
はも、賀茂なすと、
関西の味ばかりですが、お許しを。
以前は東京ではなかなか
お目にかかれなかったはもですが、
この頃はスーパーでも
ときどき並んでいます。
見かけるとつい買ってしまう、
関西人の血が騒ぐお魚です。

はもにゅうめん

はものお出しを
味わう
贅沢なお椀です。

材料
はも（おろして骨切りしてあるもの）20cm
そうめん1束　昆布の出し汁カップ2
薄口しょうゆ、塩、三つ葉、梅肉、
すだちの輪切り各適量

作り方
1　はもは一口大に切り、そうめんはゆで、三つ葉はざく切りにします。
2　温めた出し汁にはもを入れて火を通し、あくをとり除いて薄口しょうゆと塩で味を調えます。
3　そうめんと三つ葉を2に入れて温めます。椀に盛り、はもに梅肉をのせ、すだちを飾ります。

＼ちょっと裏話／
はもの頭と骨が手に入ったら
ぜひ一緒に煮てください。
やさしい味のいいお出しがとれます。

そうめんはゆでたら水にさらし、ぬめりをとるように洗って水けをきっておきます。はもは火を通しすぎるとかたくなるので、すぐにいただかないときはいったんとり出しておきます。湯引きされているはもでもおいしく作れます。

賀茂なすの田楽

主役級の野菜のお菜。揚げるととろり、たまりません！

材料（田楽みそは作りやすい分量）
賀茂なす1個　揚げ油適量　田楽みそ（赤だしみそ100g　みりん、砂糖、酒各大さじ4）　黄パプリカ、松の実各適量

作り方
1　賀茂なすは縦半分に切ります。上になる切り口の面に格子に切り込みを入れます。170℃の揚げ油でやわらかくなるまで揚げます。
2　小鍋に田楽みその材料を合わせ、混ぜながら火を通し、とろりとさせます。
3　なすの上面に2を適量塗り、パプリカの角切りと松の実をのせてオーブントースターで焼きます。

米なす、丸なす、普通のなすでも！　切ったなすに油を塗ってラップをかけ、電子レンジでやわらかくなるまで加熱してもおいしくいただけます。田楽みそは、炒め物やあえ物にも使えます。

はも焼き

焼いてもおいしい！
はもづくしでもあきません。
すだちをギュッと絞って。

材料
はも（おろして骨切りしてあるもの）1尾
しし唐2本　しょうゆ適量
すだち1個

作り方
1　はもは適当な大きさに切り、熱した魚焼きグリルで焦げ色がつくまで焼きます。グリルのあいたところに包丁で1ヵ所穴をあけたしし唐をのせて一緒に焼きます。
2　1の表面にしょうゆを塗って香ばしい香りがするまで焼きます。
3　はもを器に盛り、甘唐がらしとすだちを半分に切って添えます。

青じそご飯

見た目にも涼しげ。
香りのいい
さわやかご飯です。

材料
米2合　酒、塩各少々　昆布適量
青じそ6～8枚　いり白ごま適量

作り方
1　米はといで浸水させます。水加減して酒と塩を加えてざっと混ぜ、昆布をのせて炊きます。
2　青じそは中央の太い葉脈をとり除いてせん切りにし、水にさらしてもみ、水けをしっかり絞ります。
3　1の昆布をとり除き、青じそとごまを加えて混ぜます。

青じそはあくがあるので、一度水にさらしてから使います。ごまも加える前にかるく炒ってから使うとより香ばしくなります。

文月の手仕事

赤じそシロップ
この季節ならではの美しき飲み物。日本のハーブコーディアル！

材料と作り方

1　赤じそ（茎は除く）400gはよく洗って水1ℓを沸騰させた鍋に入れ、2分ほど煮出します。
2　砂糖400gと酢250mlを加えて砂糖を煮溶かします。
3　2をこし、清潔な瓶などに移し、冷蔵庫で保存します。
※保存期間は冷蔵庫で半年ほどです。

> 赤くてきれいな飲み物には
> 心奪われます。
> 水やソーダ水、白ワインで割れば
> 夏のウェルカムドリンクにぴったり。

葉月

August.

セミが鳴き、暑さも本番です。
暑さには慣れてきますが
疲れも出てくる頃。
お台所に立つのは大変ですが
暑い夏を乗りきるために
しっかりスタミナを。
作りおきできるものや
さっと作れるものなどをとり入れて。
冷たい飲み物や冷房などで
体が意外と冷えていますので
温かい飲み物や温かいお汁もときどき。

葉月 第1週の献立
香りのよい緑の野菜を ふんだんに。

えびと青じその炒飯
鶏とピーマンの照り焼きつくね
冬瓜と厚揚げのおみそ汁

青じそやピーマンは苦手という人もいらっしゃるかもしれませんが、夏場はたっぷり使うとさわやかで食も進みます。暑さで食欲が落ちないように、自然と箸が進む料理や味つけを心がけました。

えびと青じその炒飯

青じそたっぷりで夏向きのさっぱり味です。

材料
ご飯茶碗2杯分　ブラックタイガー8〜10尾　A（酒、塩各少々）　長ねぎのみじん切り½本分　青じそのせん切り6枚分　ごま油大さじ1　卵1個　塩、こしょう、しょうゆ各適量

作り方
1　えびは殻をむいて背わたをとり、1cm幅くらいに切り、Aをまぶします。ご飯は温めます。
2　ごま油大さじ½でえびをさっと炒めてとり出します。
3　残りのごま油を熱して卵を溶いて入れ、ふわっとしたらご飯を加えて炒めます。2、長ねぎ、青じそを加えて炒め、塩、こしょうで味を調え、鍋肌からしょうゆを加えてさっと炒めます。

葉月
第1週

鶏とピーマンの照り焼きつくね

細かく刻んだピーマンをたっぷり加えました。

材料（作りやすい分量）
鶏ひき肉300g　ピーマン4個　A（しょうが汁小さじ1　塩小さじ1/3　こしょう適量　卵1個　片栗粉大さじ1）　油適量　みりん、しょうゆ各大さじ1½　プチトマト適宜

作り方
1　ピーマンは細かく刻みます。
2　ボウルに鶏ひき肉とAを入れてよく練り、ピーマンを加えて混ぜます。
3　フライパンに油を熱し、2を適当な大きさにまとめて中火で焼きます。みりんとしょうゆを加え、強火にしてからめます。
4　器に盛り、あればプチトマトを添えます。

冬瓜と厚揚げのおみそ汁

冬瓜という名前ですが、夏が旬。私はお汁の具によく使います。

材料
冬瓜適量　厚揚げ1/2枚　出し汁カップ2　赤みそ適量　粉山椒適量

作り方
1　冬瓜はわたをとり、皮を厚くむいて6〜7mm厚さの色紙切りにします。
2　厚揚げは熱湯をかけて油抜きし、冬瓜と同じくらいの大きさに切ります。
3　出し汁で冬瓜と厚揚げを煮、冬瓜がやわらかくなったらみそを溶き入れます。
4　椀に盛り、粉山椒をふります。

冬瓜の皮は青いところが少し残る程度にむきます。大きく切るなら皮目に格子に切り目を入れておくとよいでしょう。

> 葉月 第2週の献立
> ## よいいわしが買えた日の うれしい献立。
> 白飯
> ---
> 豚ヒレ肉の竜田揚げ
> ---
> トマトとみょうがのわさびじょうゆあえ
> ---
> いわしのつみれ汁

いわしは種類で旬が異なりますが、
夏もおいしいのが真いわし。
新鮮なものに出会い、お椀となりました。
いわしのお出しが、
しみじみ滋味深いお汁です。
暑い盛りですが、
こんなお料理で一息ついては。

いわしのつみれ汁
ぜひ新鮮ないわしで。黒こしょうがよく合います。

材料
いわし正味200g　A（みそ、酒、片栗粉各大さじ1　しょうが汁小さじ1）　昆布の出し汁カップ2　薄口しょうゆ適量　白髪ねぎ、粗びき黒こしょう各適量

作り方
1　いわしは三枚におろし、皮をとり除きます。包丁で刻んでからたたき、Aを加えて粘りが出るまで混ぜ合わせます。
2　出し汁を煮立て、1をスプーンですくって落とし入れ、火を通します。薄口しょうゆで味を調えます。
3　椀に盛り、白髪ねぎをのせてこしょうをふります。

葉月 第2週

豚ヒレ肉の竜田揚げ

手軽に作れる竜田揚げ。
冷めてもおいしくいただけます。

材料

豚ヒレ肉200g　なす適量　A（しょうゆ、酒各大さじ1　しょうが汁小さじ1）
片栗粉、揚げ油各適量
B（しょうゆ、米酢各大さじ1）

作り方

1　豚ヒレ肉は1cm厚さに切り、Aに10分ほどつけます。汁けをキッチンペーパーでふきとり、片栗粉をまぶします。
2　なすは縦半分に切り、皮目に細かく斜めに包丁を入れ、半分に切ります。
3　170℃の揚げ油でなすを素揚げし、とり出してBをかけます。
4　続いて1をこんがり揚げます。

トマトとみょうがのわさびじょうゆあえ

トマトに一手間。
冷たく冷やすと
よりおいしく。

材料（分量はお好みで）

トマト　みょうが　しょうゆ　わさび
エクストラバージンオリーブ油
いり白ごま

作り方

1　トマトは湯むきしてくし形に切り、みょうがは細切りにします。
2　しょうゆにわさびを溶き、オリーブ油を加えて混ぜ合わせます。
3　2に1を入れ、ごまを加えて全体をよくあえます。

オリーブ油をごま油に代えたり、わさびをゆずこしょうにしても。

葉月 第3週

葉月 第3週の献立
野菜たっぷりの夏のごちそう献立。

きゅうりと梅のおすし

えびしんじょのはさみ揚げ

つるむらさきのお浸し

山芋のお団子汁

夏の疲れが出てくる頃。
胃腸の調子が悪い、
夏バテで元気がないときなどに、
山芋は絶好の食材です。
ふわふわのお団子にして、
熱い汁でいただくと体も喜ぶはず。
さっぱり味のおすし、
お出したっぷりのお浸しと、
今週はちょっと懐かしい味で
英気を養います。

えびしんじょのはさみ揚げ

新れんこんの
シャキシャキと
えびのプリプリが
味わえます。

材料
ブラックタイガー 4〜5尾　A（塩少々　酒、片栗粉各小さじ1）　新れんこん約6cm　片栗粉、揚げ油各適量　オクラ、レモン各適量

作り方
1　えびは片栗粉をまぶしてよく洗い、殻をむいて背わたをとり除き、ぶつ切りにしてから包丁でよくたたきます。ボウルにAの塩と酒とともに入れて混ぜ、粘りが出てきたら片栗粉を混ぜます。
2　れんこんは8等分の輪切りにし、はさむ面に片栗粉をまぶして1をはさみます。
3　2の全体に片栗粉をまぶし、170℃の揚げ油で揚げます。オクラはさっと素揚げにします。
4　器に3を盛り、レモンの半月切りを添えます。

/ちょっと裏話/
レシピではご飯を炊きましたが、
ご飯を炊くのをすっかり忘れていて
実は冷凍ご飯でおすしを作りました。
ときにはそんな日もあります。

しんじょをはさむときは、テーブルナイフなどを使ってれんこんの穴にもしんじょが入るまで詰めると、揚げたときにはがれにくくなります。青じそや実山椒を刻んで加えて風味をつけてもおいしいです。

葉月
第3週

きゅうりと梅のおすし

手軽で夏向きのおすし。
おもてなしにも喜ばれますよ。

材料

米2合　A（米酢60㎖　塩小さじ1½　砂糖大さじ2）　きゅうり1本　梅干し1個　いり白ごま、焼きのり、塩各適量

作り方

1　きゅうりは縦半分に切ってスプーンで種をとり、斜め薄切りにします。塩をふってしばらくおき、水けをよく絞ります。
2　梅干しは種をとり除いてたたき、ごまは炒ります。
3　のりはさっとあぶって細かくちぎります。
4　米は通常通り炊いてAを混ぜ、粗熱をとります。1、2を加えて混ぜ合わせ、器に盛ってのりを散らします。

ちりめんじゃこ、みょうが、新しょうがなどを加えても。ごまを炒りなおし、のりもあぶってから使うと、一味違います。

つるむらさきの お浸し

お出しのうまみで
夏野菜をしみじみ味わいます。

材料
つるむらさき1束　出し汁カップ1　薄口しょうゆ大さじ1　塩少々　削り節適量

作り方
1　つるむらさきは塩ゆでし、冷水にとって冷まし、水けをよく絞り、食べやすい長さに切ります。
2　出し汁は薄口しょうゆと塩を加えて一煮立ちさせ、よく冷やします。
3　2に1をつけて30分～1時間おきます。
4　器に盛って削り節をかけます。

季節のお野菜でぜひ作ってみてください。夏ならほかにゴーヤやアスパラガス、さやいんげんなどがおすすめです。

山芋のお団子汁

滋養があり、見た目も楽しい!
このお汁の山芋は
粘りの強いものがよよし。

材料（分量はお好みで）
山芋　オクラ　出し汁　塩　薄口しょうゆ
粗びき黒こしょう

作り方
1　山芋はすり、オクラは小口切りに。
2　出し汁を温めて塩と薄口しょうゆで味を調え、煮立ったところに山芋をスプーンですくって入れ、ふんわりしたらオクラを加えて火を止めます。
3　椀に盛り、こしょうをふります。

山芋がやわらかい場合は片栗粉を適量加えて混ぜ合わせるとよいでしょう。おみそ汁にしてもおいしいです。

> 葉月 第4週の献立
> ## 元気の出る食材を組み合わせます。
> うなぎとゴーヤのおすし
> ---
> なすの丸煮
> ---
> 鶏肉と冬瓜のくずひき汁

葉月 第4週

ゴーヤといい、なすといい、
冬瓜といい、夏が旬のお野菜は、
夏の体にききます。
うまくできたものです。
残暑を乗りきるため、
うなぎも食べておきましょう。
刻んでおすしにすれば、
蒲焼きが1枚しかなくても、
立派なごちそうになります。

鶏肉と冬瓜のくずひき汁

今日は手軽な
片栗粉でとろみづけ。
胃腸にやさしく、
しみわたるお汁です。

材料
鶏もも肉 50g　冬瓜適量　昆布の出し汁カップ2　しょうが汁小さじ1　薄口しょうゆ、塩、水溶き片栗粉、粗びき黒こしょう各適量

作り方
1　鶏肉は小さめの一口大に切ります。冬瓜は7〜8mm厚さの一口大に切り、緑色が残る程度に皮をむきます。
2　昆布の出し汁で冬瓜をとろりとするまでやわらかく煮たら、鶏肉を加えて煮ます。あくをとり除き、鶏肉に火が通ったらしょうが汁を加え、薄口しょうゆと塩で味を調えます。
3　水溶き片栗粉でとろみをつけ、椀に盛り、こしょうをふります。

> ちょっと裏話
> うなぎの蒲焼きは、
> おすしにすると1枚で2人分に!
> うな丼とは少し目先が変わって
> おいしくいただけます。

くず粉があったらぜひくず粉でとろみづけを。鶏肉を骨つきのものに代えて冬瓜を大きめに切ると主菜になります。その場合、鶏肉は初めから出し汁に加えてよく煮てください。いいお出しが出ます。

うなぎとゴーヤのおすし

ビタミン豊富なゴーヤを加えて
パワーアップ！

材料（分量はお好みで）
うなぎの蒲焼き　ゴーヤ　しょうが　ご飯　すし酢　いり白ごま
粉山椒

作り方
1　うなぎは小さめの一口大に切ります。
2　ゴーヤは縦半分に切ってわたをスプーンでしっかりとり、薄切りにします。さっと塩ゆでし、冷水にとって水けをよく絞ります。
3　しょうがはせん切りにしてすし酢に混ぜます。
4　ややかために炊いた炊きたてのご飯に3をしょうがごと回しかけて混ぜ、粗熱がとれたらゴーヤとごまを混ぜます。
5　器に盛ってうなぎをのせ、粉山椒をふります。

ゴーヤが苦手な方は、ゴーヤの代わりにきゅうりを塩もみして加えてください。逆に、ゴーヤの苦みが好きな方はゆでずに塩もみして。

なすの丸煮

真夏日にはしっかり冷やして。
懐かしさを感じるお菜です。

材料（作りやすい分量）
なす6～8本　出し汁カップ2½　薄口しょうゆ大さじ1½
みりん小さじ1　おろししょうが適量

作り方
1　なすはへたを切り落とし、縦に細かく切り目を入れ、水にはなします。
2　出し汁を煮立てて1を入れ、落としぶたをして12～15分、やわらかくなるまで煮ます。薄口しょうゆとみりんを加えて5分ほど煮、火を止めてそのまま冷まします。
3　器に盛り、おろししょうがを添えます。

干しえびのもどし汁で煮てもよく、えびやいかを一緒に煮てもおいしいです。

葉月の手仕事

みょうが漬け
甘酢につけるだけでこんなにきれいなピンク色に。

材料と作り方
1 みょうが適量はせん切りにします。
2 米酢カップ½、水カップ¼、砂糖大さじ3、塩小さじ1を合わせて一煮立ちさせて冷まし、1をつけます。
※保存期間は冷蔵庫で2週間ほどです。できた甘酢はすし酢として使っても。

> 冷や奴や冷しゃぶの薬味、混ぜご飯など、
> いろんなお料理のアクセントに使えます。
> みょうがを食べると物忘れをするといいますが、
> 毎年恐れることなく、たくさん食べています！

長月
────
September.

暑さは残りますが
空が高くなり
日に日に秋らしくなってきます。
お芋やきのこ、さんまやさばなど
秋の味覚もそろって
お料理するのも楽しくなります。
お月さまがきれいな季節ですので
小さなお菜を作って、
眺めながらゆっくりお酒をいただくのも
いいものです。
新米の便りもそろそろ
聞こえ始めます。

長月 第1週

> 長月 第1週の献立
> **芋や根菜で
> 秋の色合いを食卓に。**
> さつま芋ご飯
> 鶏肉とエリンギのゆずこしょう炒め
> とうもろこし入り卵焼き
> にんじんとごぼうのおみそ汁

残暑が厳しい日もありますが、
ほっこりした
秋の味覚に嬉しくなったり、
温かい汁物が欲しくなったり、
季節が進んでいることを
実感します。
根菜、きのこ、お芋の
出番です。
とうもろこしは
今年の食べ納めかな。

さつま芋ご飯

初秋を味わうご飯です。
出始めのさつま芋は
透明感があって色がきれい！

材料
米2合　さつま芋1本　酒大さじ1
塩小さじ½　昆布、いり黒ごま各適量

作り方
1　米はといでやや多めに水加減して浸水させます。
2　さつま芋は角切りにし、水にさらします。
3　1に酒と塩を加えてざっと混ぜ、昆布とさつま芋をのせて炊きます。
4　昆布をとり除いて全体を混ぜ、器に盛ってごまをふります。

お芋や豆類を一緒に炊き込む場合は、水を吸いますのでやや多めの水加減にすると、ご飯もつやよく炊き上がります。

鶏肉とエリンギのゆずこしょう炒め

ゆずこしょうがきいた大人の味。
きのこはあるもので。

材料

鶏もも肉大1枚　エリンギ2〜3本　青ねぎ（2cm長さに切る）5本　A（塩小さじ½　酒大さじ1）　油適量　B（ゆずこしょう小さじ½　酒大さじ1）　薄口しょうゆ大さじ½

作り方

1　鶏肉は食べやすい大きさに切り、Aをもみ込みます。エリンギは大きめの一口大に切ります。
2　フライパンに油を熱し、鶏肉を皮目から焼きます。焼き色がついたら返し、エリンギを加えて焼きます。混ぜ合わせたBを加え、ふたをして弱めの中火で蒸し焼きにします。鶏肉に火が通ったら薄口しょうゆを加え、強火にして全体を炒め合わせます。
3　青ねぎを加え、ざっと混ぜます。

ゆずこしょうは塩味があり、商品によって味が違うため、加減して。

とうもろこし入り卵焼き

とうもろこしがぎゅうぎゅう。
香ばしく焼きます!

材料
とうもろこし1本　卵3個　長ねぎのみじん切り½本分　片栗粉少々　薄口しょうゆ、ごま油各適量

作り方
1　ボウルに卵を溶き、片栗粉と薄口しょうゆを混ぜ、包丁で削りとったとうもろこしと長ねぎを加えて混ぜます。
2　小さめのフライパンにごま油を中火で熱して1を入れ、ざっと全体を混ぜてかたまり始めたらふたをして弱火で焼きます。卵の上部がかたまったら返し、ごま油を鍋肌から加えて焼き上げます。

くずれやすいので、返すときは平たいお皿などにすべらせるようにして移し、フライパンをかぶせて返すと上手にできます。

にんじんとごぼうのおみそ汁

冷蔵庫にある野菜を活用。
具をごま油でさっと炒めれば
こくが増します。

材料
にんじん、ごぼう各適量　ごま油少々
出し汁カップ2　みそ、粉山椒各適量

作り方
1　にんじんとごぼうは5cmほどの長さの細切りにし、ごぼうは水にさらします。
2　鍋にごま油を熱して水けをきった1をさっと炒め、出し汁を加えてやわらかく煮て、みそを溶き入れます。
3　椀に盛り、粉山椒をふります。

同じ具材でも切り方を変えると味わいが変わります。今回は細切りのごぼうが入り、歯ごたえが楽しめます。

長月 第2週の献立
お月見がテーマの献立にしてみました。

焼きお揚げご飯
- - -
さばとしいたけの焼き浸し
- - -
里芋の肉みそかけ
- - -
れんこんの薄月夜

長月 第2週

中秋の名月の頃。
関西のお月見団子は
細長いお餅にあんこがかかっています。
お餅は里芋の形を表しています。
きれいなお月さまが見られますように
と願って、
里芋や丸い白玉を
献立に入れました。

里芋の肉みそかけ

中秋の名月にぴったりな、里芋のお月見団子風。肉みそはみそと砂糖でこっくり仕上げます。

材料（肉みそは作りやすい分量）
里芋 4個
肉みそ（鶏ももひき肉 50g　みそ、みりん各大さじ3　砂糖大さじ1　酒 30〜50mℓ）

作り方
1　里芋は皮をむいて蒸し器でやわらかく蒸します。
2　小鍋に肉みその材料を入れてよく混ぜ、弱火にかけます。ひき肉に火が通るまで、混ぜながら煮ます。
3　器に里芋を盛り、肉みそ適量を添えます。

＼ちょっと裏話／
私にとってお月見は重要イベントです！
丸く切ったお野菜やお団子を月に見立て、
うさぎや月をモチーフにした
箸置きを使います。

里芋は素揚げにしてもおいしい。残った肉みそは、炒め物に使ったり、ご飯に添えたりしても合います。

長月 第2週

さばとしいたけの焼き浸し

秋の南蛮酢はしょうゆをきかせて。
焼いて作るので手軽です。

材料
さばのおろし身1尾分　しいたけ6個　長ねぎ1本　小麦粉、油各適量　南蛮酢（米酢50〜60㎖　水50㎖　しょうゆ大さじ2　みりん、砂糖各大さじ1　赤唐がらし1本）

作り方
1　さばは腹骨があったらとり除き、適当な大きさに切り、小麦粉をまぶします。
2　しいたけは軸をとって薄切りにし、長ねぎは斜め切りにします。
3　鍋に南蛮酢の材料を入れて一煮立ちさせ、バットなどに移します。
4　フライパンに油を熱し、しいたけをさっと炒めて3のバットに入れます。
5　油を少し足してさばの両面を焼き、4に加えます。
6　長ねぎも加えて、ときどき混ぜながらしばらくおきます。

焼きお揚げご飯

焼いたお揚げが香ばしい。
シンプルで万能なご飯です。

材料
米2合　油揚げ1枚　万能ねぎ適量
酒大さじ1　塩小さじ½

作り方
1　米はといで浸水させます。
2　油揚げは熱したフライパンに入れて焦げ色がつくまで両面焼き、5mmくらいの角切りにします。万能ねぎは小口切りにします。
3　米は水加減して酒と塩を加えてざっと混ぜ、油揚げをのせて炊きます。
4　炊き上がったら万能ねぎを加えて全体を混ぜます。

炊き上がりにしょうゆを少し加えてもおいしいです。

れんこんの薄月夜

やさしいとろとろのお汁。
白玉のお月さまが
ぼんやり浮かびます。

材料
れんこん約100g　梅干し1個
白玉粉適量　出し汁カップ2　塩適量

作り方
1　梅干しは種と梅肉に分け、梅肉は包丁でたたきます。
2　白玉粉に水を少しずつ加えて練り、丸めたら沸騰した湯に入れてゆでます。
3　れんこんはすりおろします。
4　出し汁に梅干しの種を入れて温め、3を加えて煮、とろみがついたら塩で調味。
5　椀に白玉を入れ、4を注いで梅肉を添えます。

お酒の後、食欲のないときにも。梅肉の代わりにすだちなどの柑橘類を添えても。

長月 第3週の献立
子どもの頃からの なじみの味です。

白飯＋ちりめん山椒

さつま芋コロッケ

スパゲティサラダ

豆腐のおみそ汁

お家で作るお芋のコロッケは、
ときどきいただきたくなる
ホッとする味。
さつま芋で作るとじゃが芋とは
また違ったおいしさで、
秋らしいお味です。
今週は、わが家の定番を組み合わせた
ちょっと懐かしい献立。

さつま芋コロッケ

秋らしいさつま芋の
コロッケ。
ちょっぴり加える
カレー粉が隠し味です。

材料

さつま芋2本　玉ねぎ½個　ごぼう½本
牛ひき肉80g　バター適量
A（カレー粉大さじ½　塩小さじ¼　こしょう少々）　小麦粉、溶き卵、パン粉、揚げ油各適量
キャベツ、赤玉ねぎ、ウスターソース各適量

作り方

1　さつま芋は蒸し器でやわらかく蒸します。
2　玉ねぎとごぼうはみじん切りにします。
3　フライパンにバターを溶かし、2を炒め、ひき肉、Aを加えて全体に火が通るまで炒めます。
4　ボウルに1を入れ、熱いうちに皮をむいてつぶし、3を加えて混ぜ合わせます。食べやすい大きさの俵形にし、小麦粉、溶き卵、パン粉の順に衣をつけます。
5　170℃の揚げ油で4を揚げます。
6　5を器に盛ってソースをかけ、キャベツのせん切り、赤玉ねぎの薄切りを合わせて添えます。

ごぼうはなくても構いませんが、なかなかのおいしさなので、あったらぜひ入れてみてください。

スパゲティサラダ

祖母がよく作ってくれたサラダ。
洋食風の献立に合うお菜です。

材料

スパゲティ70g　玉ねぎ¼個　きゅうり1本　にんじん5cm　A（マヨネーズ大さじ3　プレーンヨーグルト大さじ2　米酢大さじ1　塩、こしょう各少々）　パプリカパウダー適宜

作り方

1　スパゲティはやわらかめにゆで、湯をきって熱いうちにAであえます。
2　玉ねぎ、きゅうり、にんじんは、それぞれ薄切りにして塩少々（材料外）をふり、しばらくおいて水けをしっかり絞ります。
3　1と2を混ぜ合わせ、よく冷やします。
4　器に盛り、あればパプリカパウダーをふります。

スパゲティは太めのものがおすすめ。マカロニにしても。祖母のサラダにはハムが入っていましたが、ツナでもOK。

白飯＋ちりめん山椒

炊きたてご飯にぴったり！
ご飯のお供を手作りで。

材料（ちりめん山椒は作りやすい分量）
ちりめんじゃこ 100g　実山椒 1つかみ
A（酒カップ ½　薄口しょうゆ、みりん
各大さじ1）　白飯適量

作り方
1　実山椒は茎をとり除いて熱湯で5分ほどゆで、湯をきり、30分ほど水にさらします。
2　ちりめんじゃこは熱湯をかけ、ざるに上げておきます。
3　鍋にAを煮立たせて1、2を加え、水分がなくなるまで煮ます。
4　ご飯に3を添えます。

実山椒は生のままか、下ゆでして冷凍しておくと、甘辛い肉の煮物などに使えて便利。

豆腐のおみそ汁

超定番の組み合わせを
切り方で工夫。
見た目の変化を楽しみます。

材料
豆腐 ⅓丁　油揚げ ½枚
長ねぎの小口切り適量　出し汁カップ2
みそ適量

作り方
1　豆腐はさいの目に切り、油揚げは熱湯をかけて油抜きをしてから豆腐の大きさに合わせて正方形に切ります。
2　鍋に出し汁を入れ、1を加えて温め、みそを溶き入れます。
3　椀に盛り、長ねぎを散らします。

| 長月 第4週の献立
| **秋の味覚の真打ち、さんまを主役に！**
| 白飯
| ---
| さんまの山椒揚げ
| ---
| 焼ききのこのおろしあえ
| ---
| 里芋とにんじんのおみそ汁

秋の魚、さんまの登場です。
さんまといえば、塩焼きですが、
蒲焼きや煮たものも大好き。
今週は山椒風味にして揚げてみました。
おいしい時期のうちに
いろいろ楽しみたいですね。

さんまの山椒揚げ

揚げると身がふっくらと。山椒の量はお好みで。

材料（分量はお好みで）

さんま　しょうゆ　酒　粉山椒　片栗粉　揚げ油　しし唐

作り方

1　さんまは筒切りにして内臓をとり、洗って水けをふきます。しょうゆと酒を同量で合わせたものに粉山椒を加え、さんまを入れて10分ほどおきます。
2　しし唐は包丁で1ヵ所穴をあけ、170℃の揚げ油で素揚げにします。
3　さんまの汁けをふいて片栗粉をまぶし、こんがり揚げます。

さんまの内臓は、箸などで押し出すと簡単にとれます。

長月 第4週

焼ききのこの おろしあえ

きのこは網で焼くと
香ばしくておいしい。

材料
まいたけ、しいたけ各適量
えび（殻つき）4尾　大根5㎝
米酢大さじ2　薄口しょうゆ大さじ½
イクラ、すだち各適量

作り方
1　まいたけとしいたけは石づきをとり、えびは背わたをとります。焼き網を熱してそれぞれ焼きます。
2　まいたけは裂き、しいたけは薄切りにし、えびは殻をむいて1.5㎝幅に切ります。
3　大根はおろしてかるく汁けをきり、米酢、薄口しょうゆを加え、2をあえます。
4　器に盛り、イクラを散らし、すだちを半月切りにして添えます。

里芋とにんじんの おみそ汁

ごろごろと大きめ具材のお汁です。
ひねりごまで香りよく。

材料
里芋2個　にんじん7〜8㎝
出し汁カップ2　みそ、いり白ごま各適量

作り方
1　里芋は皮をむいて縦半分に切り、にんじんは乱切りにします。
2　鍋に出し汁と1を入れ、やわらかくなるまで煮て、みそを溶き入れます。
3　椀に注ぎ、ごまをひねりながらふります。

豚肉を加えて、シンプルな豚汁にしても。

長月の手仕事

栗の渋皮煮
手はかかるけれど、手作りならではのおいしさ。

材料と作り方

1　栗約1kgは鬼皮をむき、重曹（食用）大さじ1を加えたたっぷりの湯で30分ほどゆでます。ざるにあけ、流水で洗い、10分ほど水にさらしてから、きれいに洗って筋をとり除きます。

2　たっぷりの水とともに鍋に入れ、3度ゆでこぼします。

3　砂糖1kgと水1ℓを煮立たせてシロップを作り、冷めたら水けをきった2を加えて弱火で50分ほど静かに煮ます。

4　そのまま冷まし、再度30分ほど弱火にかけます。水分が少なくなったら適宜水を足します。

※保存期間は冷蔵庫で1ヵ月ほどです。

この季節のお茶請けに重宝する渋皮煮です。
家族やお友達とおしゃべりしながら
栗の皮をむくのは楽しいものです。
むいた栗は少しとり分けて晩の栗ご飯に。

神無月

October.

風に金木犀の香りがただよう
私の大好きな季節です。
ぴかぴかの新米に、栗にお芋。
煮物やお汁などの
温かいお菜もおいしい頃となりました。
お天気のいい日は
簡単なお弁当を作って
お散歩やドライブも素敵です。
涼しくなってくると
しょうゆの風味、こくのある味や甘みなどが
おいしく感じられます。

神無月 第1週の献立
いよいよ秋本番。
秋においしい食材満載です！

里芋ご飯
- - -
秋ざけのホイル蒸し
- - -
ぶどうとれんこんの白あえ
- - -
焼きなすのおみそ汁

秋の味覚のさけ。
この時期はさっぱりしています。
ホイル焼きを開いたときに広がる
すだちの香りに秋を感じます。
味が凝縮する焼きなす、
ほくほくの里芋や果物、
大好きな秋の味をふんだんに。

ぶどうと
れんこんの
白あえ

甘酸っぱい果物は
白あえによく合います。
れんこんの歯ごたえが
アクセントに。

材料
ぶどう（好みのもの）、れんこん、しいたけ各適量　豆腐⅓丁　A（薄口しょうゆ小さじ1弱　塩適量　砂糖小さじ2　すり白ごま大さじ2）　いり白ごま適量

作り方
1　ぶどうは半分に切って種があればとり除き、皮をむきます。れんこんは小さめの乱切りにし、しいたけは石づきをとって八つ割りにし、それぞれさっとゆでます。
2　豆腐はゆでるか電子レンジで加熱してかるく水きりし、Aを加え、ハンドミキサーで混ぜるかすり鉢ですります。
3　1の水けをふきとり、2であえます。
4　器に盛り、白ごまを指でひねってふります。

水っぽくならないように、材料の水けをしっかりふきとって、いただく直前にあえます。ぶどうの代わりに柿やいちじくでも。

神無月 第1週

秋ざけのホイル蒸し

すだちの香りがふわっと。
味のしみ込んだまいたけも絶品。

材料

生ざけの切り身2切れ　薄口しょうゆ大さじ2　酒大さじ1
まいたけ1パック　すだち2個

作り方

1　生ざけは薄口しょうゆと酒につけ、ときどき返しながら10分ほどおきます。まいたけはほぐし、すだちは薄い輪切りにします。
2　アルミ箔にまいたけを敷いて生ざけをのせ、すだちを並べます。残った薄口しょうゆと酒をかけ、アルミ箔をすき間なく閉じます。
3　8〜10分、魚焼きグリルで焼くかフライパンに湯を張ったところに入れて蒸します。

フライパンで蒸す場合は、すき間から湯が入らないように、閉じ目は上にして湯につからないようにします。味が薄ければ、いただくときにすだちの果汁と薄口しょうゆをかけて。

焼きなすのおみそ汁

焼いたなすがギュッと甘くて
大好きなおみそ汁です。

材料
なす3本　出し汁カップ2
みそ、ねぎの小口切り各適量

作り方
1　なすは熱した焼き網にのせて強火で焼きます。皮が黒く焦げるまで焼いたら冷水にとり、へたを切り落として素早く皮をむき、食べやすく切ります。
2　出し汁を温めてみそを溶き入れます。
3　なすを椀に入れて2を注ぎ、ねぎをのせます。

なすが冷めている場合は、汁に入れて温めてから椀に盛りましょう。お好みで粉山椒をふっても。

里芋ご飯

ほくほくの里芋が素朴な味わい。
削り節をたっぷりかけて。

材料
米2合　里芋5個　油揚げ1枚　出し汁
約カップ2　薄口しょうゆ、酒各大さじ1
削り節適量

作り方
1　米はといで浸水させます。
2　里芋は皮をむいて小さめの一口大に切り、油揚げは熱湯をかけて油抜きし、細かく刻みます。
3　米の水けをきり、出し汁と薄口しょうゆ、酒を加えてざっと混ぜ、2をのせて炊きます。
4　全体を混ぜて器に盛り、削り節をかけます。

神無月 第2週

神無月 第2週の献立
新米＋旬のさけでごちそうに。

秋ざけの炊き込みご飯

鶏団子と里芋の煮物

山椒ポテト

あおさのりの茶碗蒸し

ぴかぴかの新米は
それだけでごちそうです。
今週は秋らしい
主役になるご飯にしました。
さけは色合いもきれいで
イクラをトッピングすれば
ひときわ豪華。
おもてなしにも
喜ばれるお献立です。

秋ざけの炊き込みご飯

イクラで華やかさも
うまみも倍増。
主菜にもなる
ごちそうご飯です。

材料
米2合　生ざけの切り身2切れ　塩少々　まいたけ1パック　薄口しょうゆ、酒各大さじ1　昆布適量　イクラのしょうゆ漬け、万能ねぎの小口切り各適量

作り方
1　生ざけに塩をふり、10分ほどおきます。まいたけは手で裂きます。
2　米はといで浸水させます。水加減して薄口しょうゆと酒を加えてざっと混ぜ、昆布、まいたけ、生ざけをのせて炊きます。
3　炊き上がったら昆布をとり除き、さけはとり出してほぐして戻し入れ、全体を混ぜます。
4　器に盛ってイクラと万能ねぎを散らします。

> **ちょっと裏話**
> 冷蔵庫にイクラのしょうゆ漬けがあったのでさけの炊き込みご飯に使いました。主役になるご飯ですから、お汁とお浸しを用意するくらいで立派なお献立になります。

きのこの代わりに、ささがきにしたごぼうを入れて炊いてもおいしいです。

鶏団子と里芋の煮物

里芋にお出しと鶏肉のうまみがしみ込みます。

材料

鶏ひき肉200g　豆腐⅓丁　塩少々　しょうが汁小さじ1
里芋6個　モロッコいんげん適量
A（出し汁カップ2　薄口しょうゆ大さじ2　みりん、砂糖各大さじ1）

作り方

1　里芋は厚めに皮をむき、竹串がすっと通るまでゆで、水にとってぬめりを洗います。
2　ボウルに鶏ひき肉と塩を入れて練り、豆腐としょうが汁を加えてさらに練ります。
3　鍋にAを入れて煮立て、1と2を一口大に丸めながら加えます。あくをとり除き、弱火にして10分ほど煮ます。モロッコいんげんを食べやすく切って加え、やわらかくなるまで煮ます。

あおさのりの茶碗蒸し

お出しのおいしさを味わう
お汁代わりの茶碗蒸し。

材料
卵 2 個
出し汁カップ 2　薄口しょうゆ小さじ 2
あおさのり適量

作り方
1　あおさのりは水でもどし、水けをよく絞ります。
2　ボウルに卵を割りほぐし、出し汁を加えてよく混ぜ合わせ、こします。薄口しょうゆで味を調え、1 を加えて混ぜます。
3　器に注ぎ、蒸気の上がった蒸し器で蒸します。

蒸し方のポイントは 29 ページの「シンプル茶碗蒸し」を参照。

山椒ポテト

さつま芋のフライドポテト。
意外と好相性です。
山椒はたっぷり！ がおいしい

材料（分量はお好みで）
さつま芋　揚げ油　塩　粉山椒

作り方
1　さつま芋は皮ごと食べやすく切って水にさらし、水けをよくふきとります。
2　揚げ油を 160℃に熱してさつま芋を入れ、じっくりやわらかくなるまで揚げます。
3　油をきってボウルに入れ、熱いうちに塩と粉山椒をふって混ぜます。

山椒の代わりに、粗びき黒こしょうや花山椒でも。

神無月 第3週の献立

秋の山の幸と海の幸のしみじみ献立。

栗、鶏、ごぼうのご飯
さんまのさっぱり蒲焼き
れんこんまんじゅう
なめこのおみそ汁

神無月 第3週

れんこんは私の大好きなお野菜です。
シャキシャキ、もちもち、ほくほく……
いろんな顔を見せてくれます。
今回はもちもちのおまんじゅう。
急に寒くなってきたので
熱々が嬉しいあんかけにしました。
栗、さんまと季節の味を
組み合わせた
ごちそう献立です。

栗、鶏、ごぼうのご飯

シンプルな栗ご飯もいいけれど、具を加えたボリューム満点の炊き込みご飯もうれしい！

材料
米2合　栗8個　ごぼう1本　鶏もも肉½枚
A（酒、塩各少々）　酒、薄口しょうゆ各大さじ1
昆布適量

作り方
1　米はといで浸水させます。
2　栗は皮をむいて適当な大きさに切り、ごぼうはささがきにして水にさらし、鶏肉はAをなじませてから細かく切ります。
3　米は水加減して酒と薄口しょうゆを加えてざっと混ぜ、昆布と2をのせて炊きます。
4　昆布をとり除いて全体を混ぜます。

> ちょっと裏話
> 栗は鶏肉や豚肉と好相性です。季節の味を炊き込んだご飯は何よりのごちそうです。

炊き込みご飯は、栗などのでんぷん質のものを加えたら、水加減は少し多めにして炊きます。
鶏肉はひき肉を使っても。

れんこんまんじゅう

おろして揚げるともちもちの食感。
ちょっとしゃれた一品です。

材料

れんこん1節　にんじん少々　しいたけ1個　塩適量　片栗粉大さじ½
揚げ油適量　出し汁カップ½　A（薄口しょうゆ大さじ1
みりん小さじ1）　水溶き片栗粉、わさび各適量

作り方

1　れんこんはおろし、にんじんは短い細切りに、しいたけは半分に切って薄切りにします。混ぜ合わせて塩と片栗粉を加えます。
2　1をまるめてかるく水けをきり、お玉などを使って170℃の揚げ油にそろりと入れます。少しして底にくっついていたら静かにはずし、薄く色づくまで揚げて、器に盛ります。
3　出し汁を温めてAで調味し、水溶き片栗粉を加えてとろみをつけます。2に注ぎ、わさびをのせます。

具はきくらげやぎんなん、お餅など、わさびはおろししょうがでも。

さんまの さっぱり蒲焼き

蒲焼きをちょっとアレンジ。
酢を加えたたれをからめます。

材料
さんま2～3尾　油適量　A（米酢大さじ2　しょうゆ大さじ1　砂糖大さじ½）いり白ごま、長ねぎの小口切り各適量

作り方
1　さんまは頭と内臓をとり、三枚におろして腹骨をとり除き、長さを半分に切ります。
2　フライパンに油を熱し、中火でさんまを腹側から焼きます。焦げ色がついたら返して焼き、Aを加えて強火でからめます。
3　器に盛ってごまをふり、長ねぎをのせます。

皮がはがれやすいので、返すときはていねいに。酢は黒酢にしてもおいしいです。その場合は砂糖を少なめにします。

なめこのおみそ汁

ときどき無性にいただきたくなる
私の定番のおみそ汁です。

材料
なめこ1袋　油揚げ½枚
出し汁カップ2　みそ適量

作り方
1　なめこはさっと洗います。油揚げは熱湯をかけて油抜きし、細かく切ります。
2　出し汁を温めてなめこと油揚げを加え、煮立ったらみそを溶け入れます。

絹ごし豆腐を加えても。なめこは、ゴミなどを洗い流す程度にさっと洗います。

> 神無月 第4週の献立
> ## 作りおきでおいしくなる
> ## 秋のお菜づくし!
> 白飯
> さけとまいたけの南蛮漬け
> 春菊と黄菊のお浸し
> キャベツとにんじんのごまみそ汁

菊の黄色は秋の色。
菊の花びらをむしるのは
子どもの頃を思い出すようで
楽しい作業です。
ご飯はぎんなんを入れた
炊き込みご飯にすると、より秋らしい。

さけとまいたけの南蛮漬け

この時期安くなるさけが主役になる南蛮漬け。

材料(作りやすい分量)

生ざけの切り身3切れ 塩、酒各少々 まいたけ適量 A(米酢60㎖ 薄口しょうゆ、砂糖、水各大さじ2 赤唐がらし1〜2本) 小麦粉、揚げ油、白髪ねぎ各適量

作り方

1 生ざけは食べやすく切り、塩と酒をふります。まいたけは大きめに手で裂きます。
2 鍋にAを合わせて一煮立ちさせて南蛮酢を作ります。
3 170℃の揚げ油でまいたけをさっと揚げ、南蛮酢につけます。生ざけの水けをふいて小麦粉をまぶし、カラリと揚げて南蛮酢につけて、30分以上おきます。
4 器に盛り、白髪ねぎをのせます。

神無月 第4週

春菊と黄菊の
お浸し

菊の花は食感がよく、
おいしいものです。
華やかな秋らしいお浸しに。

材料
春菊1束　黄菊、しめじ各½パック
出し汁カップ1　薄口しょうゆ小さじ2
みりん小さじ1

作り方
1　しめじはほぐしてさっとゆでます。春菊は塩ゆでします。黄菊は花びらをむしってがくをはずし、酢（材料外）を加えた湯でさっとゆでます。それぞれ冷水にとって冷まし、春菊は4cm長さに切ります。
2　出し汁を温め、薄口しょうゆとみりんを加えて味を調え、冷まします。
3　1の水けをしっかり絞り、2に加えて30分以上おきます。

キャベツとにんじんの
ごまみそ汁

素朴な野菜のお汁を
たっぷりのごまで風味づけ。

材料
キャベツ、にんじん各適量
出し汁カップ2　みそ、すり白ごま各適量

作り方
1　キャベツとにんじんは細切りにします。
2　出し汁で1をやわらかく煮て、みそを溶き入れてごまを加えます。

ごまはたっぷり加えるのがおすすめです。おみそを溶いたら煮立たせないで、煮えばなをいただきましょう。

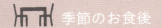 季節のお食後

献立の締めにあると嬉しい甘い物。
手軽に作れて季節が感じられるものをご紹介します。
もちろんお茶請けにもどうぞ。

Spring.

桜わらび餅

桜の香りが春らしいわらび餅。つるんとした喉ごしも美味です。

材料（作りやすい分量）
桜の花の塩漬け少々　A（わらび餅粉50g　上白糖40g　水約250ml）　きな粉、砂糖各適量

作り方
1　桜の花の塩漬けは水につけて塩抜きし、刻みます。
2　鍋にAと1を入れて火にかけます。ところどころ固まってきたら弱火にし、へらで練り、全体が透明になったらさらに1分ほど練ります。
3　水でぬらしたバットにとり、粗熱がとれたら切り分けて器に盛り、砂糖を混ぜたきな粉をふります。

わらび餅粉にはいろいろありますが、本わらび粉が入っているものがおいしいです。桜の花の代わりに、シナモンやしょうが汁を入れたり、黒砂糖で作ったり、いろいろなわらび餅を作ってみてください。

いちごムース

露地物のいちごが出回ってきたら、たっぷり使ったデザートを。

材料（作りやすい分量）
いちご200g　板ゼラチン3枚（4.5g）　グラニュー糖大さじ3
レモン汁小さじ1　生クリーム150g　粉砂糖適量

作り方
1　板ゼラチンは氷水（材料外）に入れてふやかします。
2　いちごは洗ってへたをとり、ミキサーにかけてピュレ状にします。
3　2の⅓量を耐熱容器に入れ、グラニュー糖を加えて電子レンジで加熱し、砂糖を溶かします。
4　ゼラチンの水けを絞って3に加えて溶かしたら、レモン汁とともに2の残りに加えて混ぜます。
5　生クリームを六分立てにし、少量を4に加えて泡立て器でよく混ぜます。
6　残りの生クリームに5を加えて全体を混ぜ、流し缶などに入れて冷蔵庫で冷やし固めます。
7　スプーンですくって器に盛り、いちご（材料外）を添え、粉砂糖をかけます。

季節のお食後

Summer.

すもものシロップ煮
きれいな色の煮汁が嬉しくて作ります。

材料（作りやすい分量）
すもも 6〜8個
水カップ2　グラニュー糖 150〜180g

作り方
1　鍋に分量の水とグラニュー糖を合わせて火にかけ、一煮立ちさせます。
2　1にすももを皮ごと加え、キッチンペーパーなどで落としぶたをし、6〜7分静かに煮ます。火を止め、そのまま冷まします。皮は自然にむけるので、とり除きます。
3　冷蔵庫で冷やし、シロップごと器に盛ります。

好みのリキュールなどを加えると風味が増します。白ワインを加えて作ってもよく、その場合は一度煮立たせてアルコール分をとばしてから水、グラニュー糖を加えて煮立たせます。シロップは炭酸で割っていただいてもおいしいです。

Autumn.

ぶどうゼリー

皮のままシロップで煮るとこんなにきれいな色に。

材料（作りやすい分量）
ぶどう（巨峰など、できれば種のないもの）1房
板ゼラチン3枚（4.5g）　水カップ1　砂糖60〜70g
レモン汁大さじ1

作り方
1　板ゼラチンは氷水（材料外）に入れてふやかします。ぶどうは実をとって洗います。
2　小鍋に分量の水と砂糖を入れて煮立たせ、ぶどうを皮ごと加え3〜5分煮、火を止めてレモン汁を加えます。皮が自然にむけた場合は皮をとり除きます。
3　ゼラチンの水けを絞って加え、溶かします。流し缶などに入れて、粗熱がとれたら冷蔵庫で冷やし固めます。

水の代わりにワインで作っても。その場合は、一度煮立たせてアルコール分をとばしてください。

季節のお食後

Winter

ゆず寒天

おせちの合間などにおすすめ。黒豆煮と一緒に盛っても美しいです。

材料（作りやすい分量）
ゆずの果汁 40㎖　ゆずの皮のすりおろし1個分
水カップ1½　粉寒天 2g　グラニュー糖 30g　はちみつ大さじ2

作り方
1　鍋に分量の水、粉寒天を入れて混ぜながら火にかけ、煮立ったら弱火で1分ほど煮て寒天を溶かします。
2　火を止めてグラニュー糖、ゆずの果汁、皮、はちみつを加えて混ぜ、流し缶などに入れます。
3　粗熱がとれたら冷蔵庫で冷やし固めます。

ゆずの果汁が足りない場合はレモン汁を加えてください。

霜月
==========
November.

木々が色づき始めました。
この前まで夏だったのに!!
と、あと残すところふた月の今年が
名残惜しく、少し気ぜわしくなる頃です。
ほくほくのお芋やれんこんに加えて
大根や白菜もおいしくなってきました。
かきなどの冬の魚介類もいろいろ。
寒さに備えて
消化のよい温かいお菜で
栄養をとっておきましょう。
"食欲の秋"でその心配はない、
という方も多いかもしれませんが（笑）。

霜月
第1週

霜月 第1週の献立

香りと食感が楽しめる
バラエティー献立。

焼ききのこご飯

鶏のから揚げねぎソース

りんごとナッツのポテトサラダ

かぶと厚揚げのおみそ汁

一年中出回るきのこですが、
旬の秋の間には
露地物が安く手に入ることも。
焼いてから炊くご飯は
より香りが増します。
ナッツとりんごが入った
ポテトサラダは
食感も楽しんでください。

焼ききのこご飯

焼いてからきのこを
炊き込むので、
香ばしさが違います。

材料
米2合　しいたけ4個　まいたけ1パック
えのきだけ½袋
A（酒大さじ1　薄口しょうゆ大さじ½
塩小さじ⅓）　昆布適量

作り方
1　米はといで浸水させます。
2　しいたけは軸をとり、まいたけは石づきをとります。熱した焼き網で香ばしく焼き、適当な大きさに切ります。
3　えのきだけは石づきを切り落とし、細かく刻みます。
4　米は水加減してAを加えてざっと混ぜ、昆布と2、3をのせて炊きます。
5　昆布をとり除き、全体を混ぜます。

しいたけとまいたけを焼くのは、香ばしさを出すため。強火でさっと焼いてください。

ちょっと裏話
ごまやナッツ類は味や食感に
とてもいいアクセントを加えてくれます。
あえ物やサラダなどに使うと
食卓の豊かさが増すように感じられます。

霜月 第1週

鶏のから揚げねぎソース

もも肉は大きいままカリッと。
熱々にソースをジュッとかけて。

材料
鶏もも肉大1枚　塩少々　小麦粉、揚げ油各適量
青ねぎ½束　A（米酢大さじ4　しょうゆ大さじ2　ごま油大さじ1
いり白ごま大さじ2）

作り方
1　鶏もも肉は厚みのある部分に深めに切り目を入れ、塩をふってよくもみ込み、10分ほどおきます。
2　1に小麦粉をつけて170℃の揚げ油でカリッと揚げます。
3　青ねぎは小口切りにし、Aを混ぜます。
4　2を食べやすい大きさに切って器に盛り、3をかけます。

ねぎソースはねぎがてんこ盛りになるくらいにたっぷりと。柑橘の酢を使ったり、ポン酢しょうゆを利用しても。鶏肉は皮がパリッとなるまで揚げましょう。

りんごとナッツの
ポテトサラダ

具だくさんで、ざくざくした
食感の楽しいサラダです。
黒こしょうはたっぷりと！

材料（分量はお好みで）
じゃが芋　りんご　きゅうり　赤玉ねぎ
アーモンド　レーズン
塩　こしょう　オリーブ油　マヨネーズ
粗びき黒こしょう

作り方
1　じゃが芋は皮ごとやわらかくゆで、熱いうちに皮をむいてつぶし、塩、こしょう、オリーブ油をふって混ぜます。
2　きゅうりは小口切りにし、塩をふって水けを絞ります。赤玉ねぎは薄切りにし、りんごはいちょう切りに、アーモンドは刻みます。
3　1に2、レーズンを加えてざっと混ぜ合わせ、マヨネーズで味を調えます。
4　器に盛り、黒こしょうをふります。

かぶと厚揚げの
おみそ汁

寒くなってくるとかぶや大根が
おいしくなってきます。
大きく切って食べごたえを。

材料
かぶ小2個　厚揚げ1/3枚
出し汁カップ2　みそ適量

作り方
1　かぶは縦半分に切って皮をむき、葉は2cm長さに切ります。
2　厚揚げは熱湯をかけて油抜きし、2cm角くらいに切ります。
3　出し汁に1、2を入れて煮、かぶがやわらかくなったらみそを溶き入れます。

かぶは煮すぎるとどろどろになるので、やわらかくなったらすぐにみそを溶き入れて仕上げましょう。

霜月 第2週の献立
ほくほく食感のお菜のオンパレード！

ゆり根ご飯
れんこん入り肉団子
きのこ入り切り干し大根
長芋と三つ葉のおみそ汁

晩秋はお芋、根菜をとり入れて。
調理の仕方で食感が変わるのが
大きな魅力です。
お正月料理にはよく使われる
ゆり根もこの頃が出始めです。
火を通すとほくほくになって
幸せの味。
普段のお菜にも、ゆり根を
ぜひ使ってみましょう。

れんこん入り肉団子

すりおろしと粗みじんの
れんこん入りです。
ふわふわとシャキシャキ、
両方味わえるのがうれしい。

材料
豚ひき肉 300g　酒、しょうゆ各大さじ1
れんこん 1節　片栗粉、揚げ油各適量
練りがらし適量

作り方
1　れんこんは1/3〜1/2量をすりおろし、残りは粗く刻みます。
2　ボウルに豚ひき肉と酒としょうゆを入れてよく練り、1を加えて混ぜ合わせます。
3　ピンポン玉ぐらいの大きさに丸めて片栗粉をまぶし、170℃の揚げ油で揚げます。
4　器に盛り、練りがらしを添えます。

ちょっと裏話
れんこんが大好きで、よくよく使います。
大きめに切って
食感を残すのがお気に入りです。

母がよく作ってくれたお菜です。甘酢をからめてももちろんおいしいですが、私はからしじょうゆでいただくのが好きです。

きのこ入り切り干し大根

我が家の定番の作りおきのお菜。
一度冷ますと味がなじみます。

材料

切り干し大根(乾燥) 15g　しめじ ½パック　にんじん 4cm
油揚げ ½枚　ごま油適量　出し汁 250〜300mℓ
A（みりん大さじ 1⅓　薄口しょうゆ大さじ 1）

作り方

1　切り干し大根は洗って水でもどし、かるく絞ります。油揚げは熱湯をかけて油抜きし、細切りにします。
2　しめじは石づきをとって長さを半分に切り、にんじんは細切りにします。
3　ごま油で2をしんなり炒め、1を加えてさっと炒めます。出し汁を加え、煮立ったらAを加え、落としぶたをして弱火で15分ほど煮ます。

うす味で煮て、たっぷりいただきます。豚肉を加えてもおいしい。

ゆり根ご飯

真っ白で端正なご飯です。
ゆり根のやさしい甘さは
寒くなってからのお楽しみ。

材料
米2合　ゆり根1個
塩小さじ½　酒大さじ1　昆布適量
黒こしょう適量

作り方
1　米は洗って浸水させます。
2　ゆり根は1枚ずつはずし、傷んだ部分を包丁でていねいにとり除きます。
3　米は水加減して塩と酒を加えてざっと混ぜ、昆布とゆり根をのせて炊きます。
4　昆布をとり除いて全体を混ぜ、器に盛って黒こしょうをふります。

ゆり根はお芋と同じようにでんぷん質。水はやや多めに入れて炊くとよいでしょう。

長芋と三つ葉の おみそ汁

煮るとほくほくになる長芋。
ネバネバとは違ったおいしさ。

材料
長芋6cm　三つ葉1束　油揚げ½枚
出し汁カップ2　みそ適量

作り方
1　長芋は皮をむいて1cm厚さの半月切りにし、三つ葉は3cm長さに切ります。油揚げは熱湯をかけて油抜きし、細く切ります。
2　出し汁で長芋と油揚げを煮、みそを溶き入れて三つ葉を加えます。

みそは赤みそと白みそを合わせたものがよく合います。

```
霜月 第3週の献立
寒い日にほっとする
晩秋のお献立。
---
とろろご飯
---
鶏手羽中のしょうが煮
---
大根と厚揚げの煮物
---
白菜のおみそ汁
```

つやつやで立派な大根に
誘われました。
いよいよ寒くなってきたので、
シーズン初のおでん風煮物の登場です。
大根を煮ると、お台所に懐かしい
いいにおいが漂います。
今週は懐かしい味の
落ち着いた献立になりました。

大根と厚揚げの煮物

そろそろおいしくなってきた
大根が主役。
下ゆでしてから
じっくり煮ます。

材料（作りやすい分量）
大根¼本　厚揚げ2枚　卵2個
出し汁カップ4　A（酒、薄口しょうゆ、みりん各大さじ2）　練りがらし適宜

作り方
1　大根は2〜3cm厚さの輪切りにして皮をむき、面とりします。片面に十字に切り目を入れます。
2　鍋に1と水、米少々（材料外）を入れて火にかけ、大根に竹串がすっと通るまでゆでます。
3　厚揚げは熱湯をかけて油抜きし、適当な大きさに切ります。卵はゆでて殻をむきます。
4　鍋に出し汁とAを入れて煮立て、2、3を加えて30分ほど弱火で静かに煮ます。
5　器に盛り、お好みで練りがらしを添えます。

> ちょっと裏話
> 白菜のおみそ汁は、最近店頭に並んでいるオレンジ白菜というものを使っています。葉の色がオレンジで、普通の白菜より甘みがあるようです。

シンプルなおでんです。一晩おくとよりおいしくなります。

鶏手羽中のしょうが煮

しょうがはたっぷりと加えて
煮汁は仕上げにしっかり味をからめます。

材料
鶏手羽中12本　しょうがの薄切り、油各適量
米酢大さじ2　A（しょうゆ、砂糖各大さじ2　酒、水各カップ¼）

作り方
1　鍋に油を熱し、手羽を皮目を下にして入れ、香ばしく焦げ色がつくまで焼き、返して同様に焼きます。
2　米酢を加えて一煮立ちさせ、しょうが、Aを加え、落としぶたをして中火で10分ほど煮ます。
3　落としぶたをとり、強火にして煮汁をからませます。

しょうがの代わりににんにくを加えても。その場合は厚めに切って加えてください。

とろろご飯

滋養いっぱいのご飯です。
山芋は粘りが強いものが
おいしいです。

材料（分量はお好みで）
ご飯　山芋　出し汁　薄口しょうゆ
青のり粉

作り方
1　山芋はすりおろし、温めた出し汁を加えて好みのかたさに調整し、薄口しょうゆで味を調えます。
2　器に温かいご飯を盛って1をかけ、青のり粉を散らします。

ご飯は押し麦を加えて炊いた麦ご飯にしてもOK。のりやごまを散らしても。

白菜のおみそ汁

白菜はたっぷりと。
甘みが感じられる
やさしいおみそ汁です。

材料
白菜、ごま油各適量
出し汁カップ2　みそ適量

作り方
1　白菜はざく切りにします。
2　鍋にごま油を熱し、白菜の茎の部分を入れて炒め、続いて葉の部分を加えてしんなりするまで炒めます。
3　出し汁を加えて白菜がやわらかくなるまで煮て、みそを溶き入れます。

白菜は内側の、やわらかい葉が多い部分を使うのがおすすめ。ごま油で炒めて、こくを出します。

> 霜月 第4週の献立
>
> ## さっと作って熱々を味わいます!
>
> 菜めし
> ---
> かきのみそ鍋仕立て
> ---
> ブロッコリーの豆腐あんかけ

栄養たっぷりのかき。
火の通りが早く、調理も簡単で、寒い時期のお助け食材です。
さっとできる鍋仕立ては、時間のないときにも。
ご飯はちょっと可愛らしく、小さなおむすびにしてみました。

かきのみそ鍋仕立て

冷え込んだ日にぴったり。
手早くできるごちそう鍋。

材料
かき8～10粒　せり1束　長ねぎ1本　昆布適量
A（酒大さじ2　みそ、みりん各適量）

作り方
1　かきは片栗粉適量（材料外）をまぶしてさっと洗います。
2　せりは5cm長さに切り、長ねぎは斜め切りにします。
3　鍋に昆布と水適量を入れて火にかけ、煮立つ直前に昆布をとり除き、Aで調味します。長ねぎを加え、しんなりしたらかきを加え、かきにほぼ火が通ったらせりを加えてすぐに火を止めます。

霜月 第4週

ブロッコリーの豆腐あんかけ

ゆでたてブロッコリーに熱々のあんをたっぷりと。

材料
ブロッコリー1個　絹ごし豆腐 ½丁
出し汁カップ ½
塩、薄口しょうゆ、水溶き片栗粉各適量

作り方
1　ブロッコリーは小房に分けて塩ゆでします。
2　出し汁を煮立てて豆腐を入れ、お玉などで豆腐をくずしながら温めます。塩、薄口しょうゆで少し濃いめに味を調えます。水溶き片栗粉でとろみをつけます。
3　器に1を盛り、2のあんをかけます。

菜めし

今日はかぶで作りましたが、もちろん大根の葉でも。

材料
米2合　かぶ1個　酒大さじ1
塩、昆布、いり白ごま各適量

作り方
1　米はといで浸水させます。
2　米は水加減して塩少々と酒を加えてざっと混ぜ、昆布をのせて炊きます。
3　かぶは細かく切って塩少々をふります。葉は塩ゆでして刻みます。
4　炊き上がったご飯は昆布をとり除き、しっかり水けを絞った3と白ごまを加えて混ぜます。お好みでおにぎりにしても。

霜月の手仕事

手作りポン酢しょうゆ
果汁を絞ってつけ込むだけ。ぜひ手作りを!

材料と作り方
1　お好みの柑橘果汁(すだち、かぼす、ゆず、だいだいなど)、しょうゆ各カップ1、みりん 40〜50㎖、昆布 10㎝、削り節 30g を容器に入れます。
2　冷蔵庫に1週間ほどおき、こします。
※保存期間は冷蔵庫で半年ほどです。

鍋物、あえ物などに大活躍のポン酢しょうゆ。
いろんな柑橘果汁を混ぜてもおいしい。
半月ほどおくとまろやかになって、
よりおいしくなります。

師走
━━━
December.

忘年会に年賀状に、
お正月の準備などなど
ともかく忙しい年末に向けて
風邪をひかないように
旬のお野菜やお魚をいただきます。
外食が多くなる時期でもありますので
お家ではやさしいお味のお菜を。
クリスマスにはお家で
家庭的な洋食もいいものです。
年の瀬には感謝の気持ちを込めて
お台所の掃除。
今年もお世話になりました。

師走
第1週

師走 第1週の献立

冬においしい大根を使い切り！

大根とお揚げのご飯

豚ばら肉と大根のやわらか煮

かきとしいたけのみぞれあえ

ほうれんそうと大根のおみそ汁

大根は、煮物、ご飯、おみそ汁と、何に入れてもおいしいエライお野菜です。
いい大根が手に入ったら、私は皮も葉も食べつくします！
今週は大根づくし。
いろいろな切り方で味わいも様々です。

大根とお揚げのご飯

大根のやさしいうまみが
おいしいご飯です。

材料
米2合　大根3cm　油揚げ1枚　昆布適量
塩小さじ½　酒大さじ1　薄口しょうゆ少々

作り方
1　米はといで浸水させます。
2　大根は細かく刻みます。油揚げは熱湯をかけて油抜きし、細かく刻みます。
3　米は水加減して塩、酒、薄口しょうゆを加えてざっと混ぜ、昆布と2をのせて炊きます。
4　昆布をとり除き、全体を混ぜます。

ちょっと裏話
最近はいろんな種類の大根が
売られています。
おいしい季節のうちに
私もいろいろ試してみました。

豚ばら肉と大根のやわらか煮

やわらかい豚肉、うまみを吸った大根。
ご飯の進むお菜です。

材料（作りやすい分量）
豚ばらかたまり肉約500g　大根¼本　A（酒40㎖　ねぎの青い部分、しょうがの皮各適量）　B（砂糖、みりん各大さじ1）　しょうゆ大さじ2　練りがらし適宜

作り方
1　豚ばら肉は熱湯をかけ、かぶるくらいの水、Aとともに鍋に入れ、強火にかけて煮立ったらあくをとり、弱火で1時間〜1時間30分、やわらかくゆでます。途中で水分が少なくなったら足します。
2　そのまま冷まし、かたまった脂肪をとり除きます。
3　大根は輪切りにして皮をむき、面とりして2に加え、落としぶたをしてやわらかくなるまで煮ます。Bを加えて10分、しょうゆを加えて5分煮ます。落としぶたをとり、強火にして鍋をゆすって煮汁をからませます。

かきとしいたけの みぞれあえ

網で焼いた香ばしいきのこと
ツルッとなめらかなかき。
ゆずの皮で色合いもよく。

材料
かき（生食用）6粒　しいたけ2個
大根、ゆずの皮、ポン酢しょうゆ各適量

作り方
1　かきは片栗粉（材料外）をまぶして洗い、水けをよくふきとります。
2　しいたけは軸をとり、熱した焼き網で香ばしく焼き、細切りにします。
3　大根はおろして水けをかるく絞り、ゆずの皮はせん切りにします。
4　ボウルに1、2、3を合わせ、ポン酢しょうゆを加えてあえます。

市販のポン酢しょうゆにフレッシュのゆずの果汁を加えると風味がよくなります。

ほうれんそうと大根の おみそ汁

寒くなるとうまみが増す
冬の野菜のおみそ汁。

材料
ほうれんそう ½束　大根 5cm
出し汁カップ2　みそ適量

作り方
1　ほうれんそうは塩ゆでして冷水にとり、水けをきって適当な長さに切ります。
2　大根は細切りにします。
3　出し汁で大根を煮て、火が通ったらほうれんそうを加え、温まったらみそを溶き入れます。

煮物などで使った大根の皮でもおいしくできます。

> **師走 第2週の献立**
> ## 香りとうまみの両方が楽しめる献立です！
> せりとにんじんのご飯
> たいの香味蒸し
> 里芋のえびあんかけ
> のりのお吸い物

師走 第2週

香りは、料理のおいしさを決める
とても大切な要素です。
こんなふうに作ったら
もっとよい香りになるだろう、
この料理とこの料理なら
よい香りが楽しめるはず、
などと香りから献立を考えることも。
今週はせり、ねぎなど
冬らしい香りの食材を活用しました。

たいの香味蒸し

調理はシンプルですが、
味わい深いお菜です。
たいのうまみの詰まった
汁もごちそう。

ちょっと裏話
> 魚の蒸し物は手早くできて、
> 時間のないときによく作ります。
> 立ち上る蒸気の香りは
> 料理を作る楽しみのひとつです。

材料
たいの切り身2切れ　塩少々
しょうが、長ねぎ各適量
A（酒、薄口しょうゆ各大さじ1）
ごま油適量

作り方
1　たいはかるく塩をふって10分ほどおきます。しょうがはせん切り、長ねぎは白髪ねぎにします。ねぎの芯の部分はとっておきます。
2　器にしょうが½量とねぎの芯を敷いてたいをのせ、Aをかけます。蒸気の上がった蒸し器に入れ、10分ほど蒸します。
3　残りのしょうがと白髪ねぎをたいにのせ、ごま油を小鍋で熱してかけます。

一緒にきのこやわかめなどを入れて蒸しても。ごま油は熱々にして、ジュッと音がするようにかけます。たいとねぎの香りが立ち上ります。

里芋のえびあんかけ

相性抜群の里芋とえびで。
えびの赤い色が見た目にも華やか。

材料

里芋6個　出し汁カップ2　酒少々　A（みりん大さじ3　砂糖大さじ1）　B（薄口しょうゆ大さじ1　塩小さじ⅓）
ブラックタイガー4尾　水溶き片栗粉、おろししょうが各適量

作り方

1　里芋は皮を厚めにむき、水から竹串がすっと通るまでゆでます。静かに水を加え、粗熱がとれたらぬめりを洗います。

2　出し汁に酒を加えて煮立て、1とAを加えて数分煮、Bを加えて落としぶたをし、10分ほど弱火で煮ます。ここで一度冷ますとより味がなじみます。

3　えびは殻と尾、背わたをとり、包丁で細かくたたきます。2を煮立ててえびを加え、火が通ったら水溶き片栗粉でとろみをつけます。

4　器に盛り、おろししょうがを添えます。

せりとにんじんのご飯

刻んだせりを混ぜ込んで
香りを楽しめるご飯に。

材料
米2合　にんじん適量　せり½束
酒大さじ1　塩小さじ½　昆布適量

作り方
1　米はといで浸水させます。にんじんは短いせん切りにします。
2　米は水加減して酒と塩を加えてざっと混ぜ、昆布とにんじんをのせて炊きます。
3　せりは細かく刻み、塩少々（材料外）をふってしばらくおき、水けを絞ります。
4　ご飯が炊き上がったら昆布をとり除き、せりを加えて全体を混ぜます。

いりごまやもみのりをのせても、よく合います。

のりのお吸い物

焼きのりをお出しに加えるだけ。
シンプルなお汁ですが、
うまみたっぷりです。

材料
焼きのり、いり白ごま各適量
出し汁カップ1½　薄口しょうゆ適量

作り方
1　出し汁を温めて、のりを適当にちぎって加えます。
2　のりが溶けたら薄口しょうゆで味を調え、ごまを手でひねりながら加えます。

師走 第3週の献立
洋と和の〝いいとこどり〟の献立です！

白飯

和風ハンバーグ

かぼちゃの白あえ

ごぼうのみそポタージュ

師走は洋のテイストが加わったお料理が作りたくなる季節です。
今週はハンバーグ。
家で作れば、味は格別です。
つけ合わせやソースを工夫すれば十分〝和ごはん〟になりますよ。
ポタージュもお出しをベースに。

和風ハンバーグ

しょうゆベースのきのこソースがけ。お好みで目玉焼きをのせても。

材料

A（合いびき肉250g　塩、こしょう各少々　炒めた玉ねぎのみじん切り½個分　卵1個　パン粉大さじ3）　油、里芋、ゆでたさやいんげん各適量　バター5g　B（玉ねぎのみじん切り¼個分　マッシュルームの薄切り4個分）　C（酒、トマトケチャップ各大さじ2　しょうゆ大さじ1）

作り方

1　Aをよく練って、小判形に成形します。
2　里芋は皮をむいて適当な大きさに切ります。
3　油で1、2を焼き、さやいんげんとともに器に盛ります。
4　余分な油をふきとり、バターを熱してBを炒め、Cを加えて煮立て、3にかけます。

師走 第3週

かぼちゃの白あえ

練りごまと白みそが隠し味。
甘めの衣がよく合います。

材料
かぼちゃ1/6個　絹ごし豆腐1/3丁
A（練りごま大さじ1½　白みそ大さじ1
砂糖小さじ2　塩少々）　いり白ごま適量

作り方
1　かぼちゃは小さめの一口大に切り、鍋に水を少し入れ、ふたをしてやわらかくなるまで蒸し煮にします。
2　豆腐はかるく水けをきり、すり鉢でよくすり、Aを加えて混ぜます。
3　2に1を加えてあえ、器に盛ってごまをふります。

豆腐は細かいざるでこしたり、ミキサーで撹拌するとよりクリーミーなあえ衣に。

ごぼうの みそポタージュ

お出しと豆乳の和風味。
食欲のないときにもおすすめです。

材料
ごぼう1本　出し汁、豆乳各カップ1
白みそ適量　塩少々　黒こしょう適量

作り方
1　ごぼうは斜め薄切りにして水にさらし、水けをきります。
2　1を出し汁でやわらかく煮て、ミキサーで撹拌し、鍋に戻し入れます。
3　白みそを溶き入れ、豆乳を加えて温め、塩で味を調えます。
4　器に注ぎ、黒こしょうをふります。

豆乳は加熱しすぎると分離することがあるので、最後に加えます。

> **師走 第4週の献立**
> ## クリスマスにも向く
> ## ごちそうメニュー。
> 白飯※
> フライドチキン
> かぼちゃとブルーチーズのフリッタータ
> 冬野菜の温かいサラダ

※にんじんを炊き込んだにんじんご飯にしても。

クリスマスや年越しを意識して、ちょっと華やいだ献立にしました。冬至かぼちゃもチーズと合わせていつもと違った食べ方に。何かとせわしない年末ですから、野菜類はまとめて蒸しておくといろいろに使えて便利です。

フライドチキン

骨つきはごちそう感満載。下味は手でよくすり込みます。

材料（分量はお好みで）
鶏手羽元　A（塩　こしょう　おろしにんにく　酒）
片栗粉　揚げ油　クレソン

作り方
1　手羽元は骨の周りに切り目を入れ、Aを手でよくすりこみ、10分以上おきます。
2　1に片栗粉をしっかりまぶし、170℃の揚げ油でじっくりと揚げます。
3　器に盛り、クレソンを添えます。

下味にカレー粉やカイエンヌペッパー、一味唐がらしなどを加えるとスパイシーに。

師走 第4週

かぼちゃとブルーチーズのフリッタータ

かぼちゃは個性的な
ブルーチーズと好相性です。

材料
かぼちゃ適量　卵3個
ブルーチーズ 30～40g
塩、こしょう各少々　オリーブ油適量

作り方
1　かぼちゃは小さめに切り、フライパンに水少々とともに入れて蒸し煮にします。
2　ボウルに卵を割りほぐし、1とブルーチーズを小さくちぎりながら加え、塩、こしょうをします。
3　小さめのフライパンにオリーブ油を熱し、2を流し入れます。手早くざっと混ぜ、平らにならし、ふたをして弱火で表面がかたまるまでゆっくり火を通します。返して裏面も焼きます。

冬野菜の温かいサラダ

野菜は温かいうちに
ドレッシングをからませます。

材料（野菜の分量はお好みで）
かぶ　れんこん　ブロッコリー　じゃが芋　赤玉ねぎ　A（粒マスタード、米酢各大さじ2　はちみつ小さじ1　塩小さじ½　オリーブ油大さじ2）

作り方
1　かぶ、れんこん、じゃが芋は皮をむいて適当な大きさに切り、ブロッコリーは小房に分け、蒸し器でやわらかく蒸します。蒸し上がったものからとり出します。
2　赤玉ねぎは薄切りにします。
3　Aのオリーブ油以外の材料を混ぜ合わせ、オリーブ油を加えて混ぜます。
4　1が温かいうちに、2、3を加えて全体をあえます。

お正月に向くあれこれ

お正月のごちそうは各家庭の味がありますが私が作るもののうち人気のあるもの、おもてなしやお酒に合うものをご紹介します。

砂肝のコンフィ

砂肝をたっぷりの油でゆっくり加熱するだけ。

材料（作りやすい分量）
砂肝500g　塩大さじ1　にんにく2かけ
ローリエ1枚　オリーブ油適量

作り方
1　砂肝はまわりについた余分な脂などをとり除き、食べやすい大きさに切ります。
2　1、にんにく、ローリエをポリ袋に入れて塩を加え、よくもみます。冷蔵庫で一晩おきます。
3　砂肝の水けをキッチンペーパーでふいて厚手の鍋に入れ、オリーブ油をひたひたに加え弱火にかけます。静かに泡が立つくらいの火加減で砂肝がやわらかくなるまで1時間ほど煮ます。
4　そのまま冷まして器に盛ります。

長ねぎのゆずこしょうマリネ

じっくり焼くと甘くおいしい長ねぎ。ゆずこしょうの辛みがアクセント。

材料（分量はお好みで）
長ねぎ　オリーブ油　酒
ゆずこしょう　薄口しょうゆ

作り方
1　長ねぎは6cmほどの長さに切ります。
2　フライパンにオリーブ油を熱して1を入れ、焦げ色がついたら返して酒をふり、ふたをしてやわらかくなるまで火を通します。
3　ねぎをバットなどにとり、ゆずこしょうを溶かした薄口しょうゆ、オリーブ油をかけて全体をなじませます。ラップをぴったりとかぶせて味をしみ込ませます。

伊達巻き

はんぺんを使って手軽に作れます。
甘さ控えめでやさしい味わいです。

材料（作りやすい分量）
卵4個　はんぺん40g　A（上白糖大さじ3　みりん大さじ2　薄口しょうゆ小さじ½　塩少々）　サラダ油適量

作り方
1　はんぺんはすり鉢ですり、Aを加えてよく混ぜ合わせます。卵を1個ずつ割り入れ、全体を均一に混ぜます。
2　卵焼き器にサラダ油を弱火で熱し、1を流し入れます。ふたをして表面がかたまるくらいまで焼き、返して反対側も焼きます。
3　巻きすにとり、熱いうちにしっかりと巻き、巻きすの両端を輪ゴムで留めてそのまま冷まします。
4　巻きすからはずし、食べやすく切り分けます。

れんこん入り松風

材料を混ぜてオーブンで焼く、
いわば和風のミートローフです。

材料（11×14cmの型1台分）
A（鶏ひき肉250g　卵1個　上白糖大さじ2　片栗粉、みりん各大さじ1　赤だしみそ30g　白みそ20g）　れんこん80〜100g　卵黄½個分　みりん大さじ½　けしの実適量

作り方
1　ボウルにAを入れてよく混ぜ合わせます。
2　れんこんは皮をむいて粗みじん切りにし、1に加えて混ぜ、耐熱のバットなどに入れて表面をならします。
3　卵黄にみりんを混ぜて2の表面に塗り、けしの実を散らします。
4　170℃のオーブンで25分ほど焼きます。完全に冷めたら切り分けます。

お正月に向くあれこれ

黒豆煮
この方法で作るとふっくらした黒豆が
失敗なく炊けます。

材料（作りやすい分量）
黒豆 300g　A（しょうゆ 60㎖　砂糖 240g　塩少々　水 1ℓ）

作り方
1　鍋にAを入れ、一煮立ちさせて砂糖を溶かします。
2　黒豆を洗い、熱い1に加えて一晩おきます。
3　2を火にかけ、沸騰したらあくをとり除きます。弱火にして落としぶたをし、豆がやわらかくなるまで煮ます。火を止め、そのまま冷まします。

黒豆煮と寒天、好みのくだものなどを合わせて黒豆かんにしても。煮汁を煮つめるとみつ代わりにもなります。

睦月
=====
January.

あけましておめでとうございます。
新しい年が始まりました。
今年も大切な人と食卓が囲める
明るく幸せな年になりますように。
お正月のごちそうのあとは
消化のいいお菜で
胃を整えましょう。
かきやほうれんそうなどの葉野菜
がぐっとおいしくなる頃です。
栄養も豊富なので
ぜひお菜にとり入れて。

睦月 第1週

睦月 第1週の献立

わが家のお雑煮で新年を祝います。

白みそ雑煮

筑前煮

干し柿なます

塩ざけと三つ葉のおろしあえ

京都の白みそ雑煮は、
里芋が入っている
お家も多くあります。
わが家では、元日は白みそ丸餅、
2日以降は
おすましに鶏肉や
壬生菜が入っていて、
京都育ちの父、神戸育ちの母の
両方のお雑煮を食べるのが
お正月の習わしでした。
地域やお家、それぞれのお味で
お正月を迎えましょう。

白みそ雑煮

大根、にんじん、お餅だけの
シンプルなわが家のお雑煮。
白みそは多めに加え、
一煮立ちさせます。

材料
丸餅2個　大根、金時にんじん各適量
出し汁カップ2　白みそ適量

作り方
1　小鍋に湯を沸かし、餅を入れてやわらかくなるまで静かに煮ます。
2　大根は一口大程度の薄切りに、にんじんは薄い輪切りにします。
3　別鍋に出し汁を煮立て、2を加えてやわらかく煮、白みそを溶き入れて一煮立ちさせます。
4　椀に大根1枚を敷いて餅をのせ、にんじんと大根を1枚ずつのせて汁を張ります。

筑前煮

お正月にぴったりのごちそう煮物。
最後は強火で鍋返しをして照りを出します。

材料

鶏もも肉1枚　A（ごぼう、にんじん各½本　れんこん小1節）
こんにゃく½枚　干ししいたけ4〜5枚　油大さじ1　B（干ししいたけのもどし汁カップ2　砂糖、みりん、酒各大さじ2）　薄口しょうゆ大さじ2½　塩ゆでした絹さや5枚

作り方

1　干ししいたけはカップ2強の水でもどし、大きければ2〜4等分に切ります。鶏肉は一口大に切り、Aは乱切りにし、ごぼうとれんこんは水にさらします。こんにゃくは手でちぎります。

2　鍋に油を熱して鶏肉を皮目から焼き、焦げ色がついたら返し、絹さや以外の残りの材料を加えてざっと炒め、Bを加えます。

3　煮立ったらあくをとり、落としぶたをして弱火で5分ほど煮ます。薄口しょうゆを加えて10分煮、ふたをとって強火で煮汁がなくなるまで鍋返ししながら煮ます。斜めに切った絹さやを加えます。

干し柿なます

干し柿の甘みがおいしいです。
ごま酢であえました。

材料
大根8cm　にんじん4cm　干し柿1個
A（米酢80ml　水50ml　砂糖大さじ2½
塩小さじ½）　すり白ごま大さじ3

作り方
1　大根とにんじんは4cm長さの短冊切りにし、水カップ1に塩小さじ1（各材料外）を溶かした塩水にしんなりするまでつけます。
2　干し柿は大根より細めに切ります。
3　鍋にAを合わせて一煮立ちさせ、冷まします。
4　1の水けをよく絞り、3に加えます。干し柿とごまを加えてしばらくおきます。

干し柿は甘酢につけてふやかし、すり鉢ですって具をあえても。ゆずの皮のせん切りを加えても香りがよく、彩りもきれいです。

塩ざけと三つ葉のおろしあえ

手近にある材料で気のきいた一品を。
お酒のおつまみにもなります。

材料
塩ざけ1切れ　三つ葉½束　大根7cm
米酢、しょうゆ各適量

作り方
1　塩ざけは魚焼きグリルで焼き、皮と骨をとり除いて身をほぐします。
2　三つ葉はざく切りにし、大根はすりおろします。
3　1、2を合わせて器に盛り、米酢としょうゆをかけます。

魚はさわらやぶりなどでも。同じように焼いてほぐして使ってください。イクラをのせると華やかになります。

睦月 第2週の献立
ごちそう続きの胃腸の疲れをとります！

七草ご飯

ぶりの粕汁

三つ葉とお揚げの煮浸し

「今年も元気でがんばれますように」
の願いを込めて、
毎年七草ご飯をいただきます。
ほろ苦い青菜で、気分もしゃっきり。
お休みモードからの切り替えに。
お正月用に購入しておいたぶりは
粕汁にして、温まる一品に。

ぶりの粕汁

寒い日は体の温まる粕汁を。
塩ざけや豚肉などでも。

材料
ぶりの切り身1切れ　塩適量　大根、にんじん各5cm
長ねぎ½本　こんにゃく¼枚　油揚げ（油抜きしたもの）½枚
出し汁カップ2½　酒粕100g　白みそ、七味唐がらし各適量

作り方
1　ぶりは一口大に切って多めに塩をふり、10分以上おきます。
2　大根、にんじん、こんにゃく、油揚げは厚めの短冊切りに。長ねぎは2cm長さに切り、青い部分は小口切りにします。
3　出し汁に1とねぎの青い部分以外の2を入れてやわらかく煮、酒粕を溶き入れ、白みそを味をみながら加えます。
4　椀に盛り、小口切りのねぎをのせて、七味をふります。

睦月 第2週

七草ご飯

刻んで塩もみした七草を
昆布出しで炊いたご飯に。

材料
米2合　酒大さじ1　昆布、七草、塩、いり白ごま、薄口しょうゆ各適量

作り方
1　米はといで浸水させます。
2　米は水加減して酒と塩小さじ½を加えてざっと混ぜ、昆布をのせて炊きます。
3　七草は細かく刻んで塩少々をふり、しばらくおいて水けをしっかり絞り、ごま、薄口しょうゆを加えて混ぜます。
4　ご飯が炊き上がったら昆布をとり除き、3を混ぜます。

三つ葉とお揚げの煮浸し

春の先どりで
三つ葉たっぷり！
シャキシャキ、熱々をどうぞ。

材料
三つ葉3束　油揚げ1枚
出し汁カップ1　薄口しょうゆ大さじ1
みりん大さじ½　塩1つまみ

作り方
1　三つ葉は5cm長さに切ります。油揚げは熱湯をかけて油抜きし、細切りにします。
2　出し汁を煮立てて薄口しょうゆ、みりん、塩、油揚げを加えて一煮します。三つ葉を加えてさっと煮ます。

三つ葉はくたくたにならないように、さっと煮て仕上げます。水菜や小松菜、春菊などの青菜でも。

睦月 第3週の献立
かきがあれば、幸せを感じます！

かきご飯
鶏ささ身のあんかけ
ほうれんそうのツナおろしあえ
えのきとお揚げのごまみそ汁

睦月 第3週

大粒のかきがお店に並ぶ季節です。
いいかきがあると
見逃せなくて
ついつい買ってしまいます。
フライやお鍋はもちろん
ご飯にも炊き込みます！
おいしくて栄養豊富な
冬のごちそうです。

かきご飯

さっと煮たかきの煮汁で
ご飯を炊きます。
うまみたっぷりで、
しみじみおいしい。

材料
米2合　かき250g
A（出し汁カップ2　酒大さじ1　薄口しょうゆ大さじ1½　みりん小さじ1）
もみのり適量

作り方
1　米はといで浸水させます。かきは片栗粉（材料外）をまぶしてよく洗い、水けをふきとります。
2　鍋にAを煮立ててかきを加え、かきが丸まって少ししたら火を止めます。かきはとり出し、煮汁は冷まします。
3　米の水けをきり、2の煮汁を加え、通常の水加減まで水を加えて炊きます。蒸らすときにかきをのせて一緒に蒸らします。
4　全体を混ぜて器に盛り、もみのりを散らします。

かきはすぐにかたくなるので、煮るのはさっと。蒸らすときの余熱でも少し火が通ります。しょうがを加えて炊いたり、三つ葉や水菜を刻んで混ぜても。

鶏ささ身のあんかけ

熱々のあんをかけたから揚げ。
たっぷりのおねぎとゆずの香りを加えて。

材料

ささ身4〜5本　塩少々　酒小さじ2　片栗粉、揚げ油各適量
しいたけ2個　九条ねぎ6本　ゆずの皮の細切り適量
出し汁カップ2　薄口しょうゆ大さじ1　水溶き片栗粉適量

作り方

1　ささ身は筋をとって縦に包丁を入れて開き、塩と酒をふります。片栗粉をまぶして170℃の揚げ油でこんがり揚げます。
2　しいたけは軸をとって角切り、九条ねぎは斜め切りにします。
3　出し汁を煮立ててしいたけを煮、薄口しょうゆを加え、一煮立ちしたら九条ねぎとゆずを加えてさっと煮ます。水溶き片栗粉でとろみをつけます。
4　1を食べやすく切って器に盛り、3をかけます。

ささ身の代わりに鶏胸肉や白身魚でもおいしい。

ほうれんそうの
ツナおろしあえ

さっぱりしているけれど
こくもあってなかなか美味です。

材料
ほうれんそう1束　しいたけ4個
大根適量　ツナ缶小1缶
薄口しょうゆ、オリーブ油各適量

作り方
1　ほうれんそうは塩ゆでし、冷水にとって水けを絞り、4cm長さに切ります。
2　しいたけは軸をとって熱した焼き網で焼き、薄切りにします。
3　大根はおろし、かるく水けをきります。
4　3に1、2、ツナを加えて混ぜ、薄口しょうゆとオリーブ油を加えてあえます。

ツナ缶の代わりに焼いた干物の身をほぐしたものやさけ缶でも。

えのきとお揚げの
ごまみそ汁

お助け食材の油揚げ！
すりごまで香ばしさを
プラスします。

材料
えのきだけ ½袋　油揚げ ½枚
出し汁カップ2　みそ、すり白ごま各適量

作り方
1　えのきだけは石づきを切り落とし、長さを半分に切ります。油揚げは熱湯をかけて油抜きし、えのきと同じくらいの長さのごく細切りにします。
2　出し汁で1を煮て、火が通ったらみそを溶き入れ、ごまを加えて温めます。

睦月 第4週の献立

ときには刺激のある味の
お菜で食卓に変化を。

白飯

さばのピリ辛みそ煮

白菜のそぼろあん

春菊のおみそ汁

煮魚はコツさえつかめば
短時間でおいしくできる
とてもいいお菜です。
今回は変化をつけてピリ辛に。
火加減は強すぎず弱すぎず、
煮汁が煮つまってきたら、
水か酒を加えましょう。

さばのピリ辛みそ煮

豆板醤を加えたみそで煮ます。
お鍋の大きさと火加減が煮魚のコツ。

材料

さばの切り身2切れ　しょうがの薄切り適量　青ねぎ1本
酒カップ1　A（みりん、砂糖各大さじ1）
B（みそ大さじ2　豆板醤小さじ½）

作り方

1　さばは皮目に切り目を入れ、熱湯にくぐらせます。白っぽくなったら冷水にとって洗い、水けをとります。
2　鍋に酒としょうがを入れて煮立て、1を加えて落としぶたをし、5分煮ます。Aを加えて5分煮、煮汁少々でBを溶いて鍋に加え、4〜5cm長さに切った青ねぎも加えて5分煮ます。

骨つきの切り身があれば、ぜひ骨つきで。

睦月 第4週

白菜のそぼろあん

とろとろになるまで煮た白菜が甘くておいしい！

春菊のおみそ汁

独特の香りもごちそうです。ごまの香りで相乗効果！

材料
白菜⅛株　豚ひき肉 100g　出し汁カップ 2
しょうが汁小さじ1　酒大さじ1
薄口しょうゆ大さじ2　みりん小さじ2
水溶き片栗粉適量　ごま油大さじ½

作り方
1　白菜は5cm幅に切り、軸と葉に分けます。
2　鍋に出し汁を煮立て、白菜の軸を入れてやわらかく煮ます。
3　ひき肉、しょうが汁、酒を加え、煮立ったらあくをとり、薄口しょうゆとみりんで調味します。
4　白菜の葉を加えて少し煮て、水溶き片栗粉でとろみをつけ、ごま油をたらします。

材料
春菊½束　出し汁カップ 2
みそ、いり白ごま各適量

作り方
1　春菊は葉を摘んで適当な長さに切り、軸は小口切りにします。
2　鍋に出し汁を温めてみそを溶き入れ、1を加えて少ししんなりさせます。
3　椀に注いでごまを散らします。

春菊のことを関西では菊菜といいます。みそを溶いたらすぐに加え、さっと煮てシャキシャキ感を残します。

睦月の手仕事

おぜんざい

炊いておくといろいろに使えます。鏡開きなどにどうぞ。

材料と作り方

1　小豆200gは洗い、たっぷりの水とともに鍋に入れて火にかけます。10分ほど煮て煮汁が赤くなったらゆでこぼします。
2　再度たっぷりの水とともに鍋に入れて火にかけ、やわらかくなって汁けがほとんどなくなるまで煮ます。途中、水分が少なくなったら水を加えます。
3　砂糖200gと塩1つまみを加え、ときどき混ぜながら弱火でとろりとするまで練り、粒あんを作ります。
4　3の粒あん適量に水を加えてのばし、温めます。器に焼いた餅とともに盛ります。

> 関西ではぜんざい、
> 関東では汁粉と呼ぶことに
> 気づいたのはつい先日のこと！
> いろいろ違っていておもしろい。

如月
February.

節分が過ぎると
暦の上では春。
まだまだ厳しい寒さですが
日差しは春らしくなり
梅のつぼみがほころび始めます。
大根やかぶ、ねぎなどの
冬野菜を存分にいただきますが、
春の山菜やお野菜もそろそろ。
少しずつ春の気配を加えて
食卓にも待ち遠しい春をちらり。
体調をくずしやすい頃でもありますので
栄養と休養を十分に。

如月
第1週

> 如月 第1週の献立
> **節分ですから
> 大豆と大豆製品をたっぷりと。**
> 炒り大豆ご飯
> かぶら蒸し
> 炒り豆腐
> 切り干し大根とお揚げのおみそ汁

寒い時期は、
乾物などの保存食を
使う機会が増えます。
乾物はうまみや歯ごたえなど、
生とは違ったおいしさがあります。
くせになる味です。
炒り大豆ご飯は
節分ならではの味。
香ばしくてなかなかの
おいしさです。

炒り豆腐

お豆腐と野菜で作る
色合いもよい
滋味あふれるお菜です。

材料
木綿豆腐1丁　干ししいたけ3枚　にんじん4cm
ごぼう½本　ささ身2本　ごま油大さじ1
A（しいたけのもどし汁大さじ2　薄口しょうゆ
大さじ1½　みりん大さじ1　砂糖大さじ½）　塩
ゆでした絹さや5枚　卵2個　削り節適量

作り方
1　豆腐は電子レンジにかけるか熱湯でさっとゆでて水きりします。
2　干ししいたけはもどして薄切り、にんじんは細切り、ごぼうはささがき、ささ身は細切りに。
3　ごま油を熱して2を炒め、1を加えてくずすように炒めます。Aを加えて汁けがなくなるまで混ぜながら炒り煮にします。
4　絹さやを細切りにして加え、卵を溶いて回し入れ、卵に火を通し、削り節を加えて混ぜます。

／ちょっと裏話／

懐かしい味わいの炒り豆腐。
いろんなお野菜を入れて栄養満点です。
お野菜から元気をもらいたいときに
作りたくなるお菜です。

かぶら蒸し

意外と手軽にできる冬のお菜。
ほかほかの湯気もごちそうです。

材料
たらの切り身小2切れ　塩少々　酒小さじ2
かぶ200g　卵白½個分　昆布適量
出し汁カップ½　薄口しょうゆ小さじ1
水溶き片栗粉、ゆずの皮のせん切り、わさび各適量

作り方
1　たらは塩と酒をふって10分ほどおきます。
2　かぶはすりおろし、ざるに上げてかるく水けをきり、卵白を加えて混ぜ合わせます。
3　器に昆布を敷いて1、2を順にのせ、蒸気の上がった蒸し器で10分ほど蒸します。余分な水分は器をかたむけて捨てます。
4　出し汁を温めて薄口しょうゆで味を調え、水溶き片栗粉でとろみをつけます。3にかけてゆずの皮を散らし、わさびをのせます。

炒り大豆ご飯

節分で残った豆を
炊き込みました。
福を呼び込めそう。

材料
米 2 合　炒り大豆カップ ½
酒大さじ 1　塩小さじ ½

作り方
1　米はといで浸水させます。
2　炒り大豆は瓶の底などで押さえて粗くつぶします。
3　米は水加減して酒と塩を加えてざっと混ぜ、2 を加えて炊きます。

大豆が水を吸うので、水加減はやや多めに。
おむすびにしてもいいですよ。

切り干し大根と
お揚げのおみそ汁

生の大根とはまた違う
おいしさを味わいます。

材料
切り干し大根適量　油揚げ ½ 枚
出し汁カップ 2　みそ適量
粉山椒適宜

作り方
1　切り干し大根はさっともみ洗いし、水けを絞り、ざく切りにします。
2　油揚げは熱湯をかけて油抜きし、細切りにします。
3　出し汁に 1、2 を加えて 2 分ほど煮、みそを溶き入れます。
4　椀に盛り、好みで粉山椒をふります。

切り干し大根は、なかなか使える優秀な食材です！

> 如月 第2週の献立
> ## お家の洋食風メニューで華やかに。
> 白飯
> ---
> スコッチエッグ みそソース
> ---
> ごぼうのきんぴら
> ---
> 下仁田ねぎのポタージュ

バレンタインウィークで何となく心がウキウキ。めずらしく洋食の献立になったのはそんな気分の表れかも。家庭料理の洋食、たまに作るといいものです！

スコッチエッグ みそソース

懐かしの洋食メニュー。丸ごと卵入りがうれしい！

材料

ひき肉150g　A（塩、こしょう各少々　溶き卵½個分　玉ねぎのみじん切り¼個分）　ゆで卵2個　小麦粉、溶き卵、パン粉、揚げ油各適量　B（とんカツソース、みそ、トマトケチャップ各大さじ2）　せん切りキャベツ適量

作り方

1　ひき肉にAを混ぜて練り、ゆで卵に小麦粉をまぶしたものを包んで空気が入らないようによく転がして丸めます。小麦粉、溶き卵、パン粉の順に衣をつけます。

2　170℃の揚げ油で1を揚げます。

3　2とキャベツを器に盛り、Bを混ぜたソースをかけます。

如月 第2週

ごぼうのきんぴら

ごぼうは細く切って
ふわっと繊細なきんぴらに。

材料
ごぼう1本　赤唐がらし1本　ごま油小さじ2　A(酒、しょうゆ、みりん各大さじ1　砂糖小さじ1)　いり白ごま適量

作り方
1　ごぼうは細く切り、水にさらして水けをよくきります。赤唐がらしは種をとり除いて輪切りにします。
2　フライパンにごま油を熱し、1を全体がしんなりするまで炒めます。
3　Aを加えて全体を炒め合わせ、ごまを加えて混ぜます。

ごぼうは細く切ると味がからみやすくなります。切り方によって調味料の分量は調節してください。

下仁田ねぎのポタージュ

洋食にも和食にも合うお汁です。

材料
下仁田ねぎ1本　じゃが芋1個　オリーブ油大さじ1　出し汁、牛乳各カップ1　塩、こしょう各適量　粗びき黒こしょう少々

作り方
1　下仁田ねぎは薄切りに、じゃが芋は皮をむいて薄切りにします。
2　鍋にオリーブ油を熱し、下仁田ねぎをよく炒め、じゃが芋を加えてざっと混ぜ、出し汁を加えて15分ほど煮ます。
3　ミキサーで攪拌して、鍋に戻し、牛乳を加えて温め、塩、こしょうで調味します。器に注ぎ、黒こしょうをふります。

如月 第3週の献立
心も体も ほっとする献立に。

えのきとお揚げのご飯
さわらのねぎみそホイル焼き
揚げ出し豆腐
かぶら汁

まだ寒さが残る頃ですが、
春が近づいてきた気配も。
体調をくずしやすい
時期でもありますので
ガツンとパワーのあるお菜よりも
温まるものがいいですね。
今週はいつもより
やさしい味わいのお菜です。

揚げ出し豆腐

熱々のお豆腐がおいしい
男性に人気のお菜。
春の野菜、菜の花を
添えて。

材料
木綿豆腐1丁　菜の花4本
小麦粉、揚げ油各適量　出し汁カップ1
A（薄口しょうゆ大さじ1½　みりん大さじ1）
おろし大根、おろししょうが各適量
七味唐がらし適宜

作り方
1　木綿豆腐は食べやすい大きさに切り、キッチンペーパーにのせてしばらくおき、かるく水けをきります。
2　豆腐に小麦粉をまぶし、160～170℃の揚げ油で揚げます。
3　出し汁を温めてAで味を調え、菜の花を入れてさっと火を通します。
4　器に豆腐と菜の花を盛って3の汁を張り、大根としょうがをのせ、好みで七味唐がらしをふります。

／ちょっと裏話／
お豆腐、お揚げ、豆乳、みそ……。
大豆を使ったものはたくさんあります。
豆まきの豆から始まって、今月は
大豆製品をあれこれ使いました。

絹ごし豆腐でもいいですが、よりお豆腐のおいしさが感じられてしっかりしている木綿豆腐が向いています。薬味はたっぷりがおいしい。

えのきとお揚げのご飯

えのきもお揚げも細かく切って。
薄味にしてほかのお菜と調和を。

材料
米2合　えのきだけ ½袋　油揚げ1枚
出し汁適量　薄口しょうゆ小さじ2　いり白ごま適量

作り方
1　米はといで浸水させます。
2　えのきだけは石づきを切り落として細かく切ります。油揚げは熱湯をかけて油抜きし、細かく刻みます。
3　米の水けをきり、出し汁を通常の水加減にして、薄口しょうゆを加えてざっと混ぜ、2をのせて炊きます。
4　全体を混ぜて器に盛り、ごまをふります。

出し汁ではなく水で炊いても。その場合は昆布と酒を加えます。

さわらのねぎみそ
ホイル焼き

関東では冬が旬のさわら。
みそだれのねぎは
たっぷり使うと美味です。

材料
さわらの切り身2切れ　塩、酒各少々
えのきだけ½袋　まいたけ1パック
A（みそ、酒各大さじ3　砂糖大さじ1
長ねぎのみじん切り1本分）

作り方
1　さわらは塩と酒をふって10分ほどおきます。えのきだけは石づきを切り落として、まいたけとともに適当にほぐします。
2　Aを混ぜ合わせます。
3　アルミ箔を広げてきのこを敷き、さわらをのせて2をさわらの皮目に塗ります。アルミ箔を閉じて、オーブントースターで8〜10分焼きます。

かぶら汁

とろみをつけた汁に
すりおろしたかぶを加えて煮ます。
とろんとしてお腹が温まります。

材料
かぶ2〜3個　かぶの葉少々
出し汁カップ2　薄口しょうゆ大さじ1
塩少々　水溶き片栗粉適量
生麩、粗びき黒こしょう各適宜

作り方
1　かぶは皮をむいてすりおろし、かぶの葉は刻みます。
2　出し汁を温めて薄口しょうゆと塩で味を調え、水溶き片栗粉でとろみをつけます。
3　1とあれば生麩を加えて一煮立ちさせます。
4　椀に注ぎ、好みで黒こしょうをふります。

> 如月 第4週の献立
> ## 食卓から
> ## 春の始まりを感じましょう。
> 白飯
> ---
> たいの黒こしょう揚げ
> ---
> 菜の花のお浸し
> ---
> よもぎ麩の粕汁

3月を前にして、
春の食材が
出そろってきました。
たいは、わが家の食卓では
今年になって初のお目見え。
カラリと揚げて、
はしりの味を楽しみます。

たいの黒こしょう揚げ

淡泊なたいの身に
こしょうをピリッときかせて。

材料

たいの切り身2切れ　しょうゆ、酒各大さじ1
粗びき黒こしょう、片栗粉、揚げ油各適量

作り方

1　たいは食べやすい大きさに切り、しょうゆと酒をふって5〜10分おきます。

2　キッチンペーパーで水けをふきとり、黒こしょうをまぶしてから片栗粉をつけ、170℃の揚げ油で香ばしく揚げます。

もう少し季節が進んだら、こしょうの代わりに刻んだ木の芽をまぶしても。

如月
第4週

よもぎ麸の粕汁

寒かったので温まる汁に。
具をシンプルにして、
酒粕と白みそでアクセント。

材料
よもぎ麸2切れ　油少々
出し汁カップ1½　酒粕、白みそ各適量
粉山椒適宜

作り方
1　鍋に出し汁を温めて酒粕を溶き入れ、白みそを加えて1〜2分煮ます。
2　よもぎ麸は食べやすい厚さに切って、油をひいたフライパンで両面をこんがりと焼きます。
3　椀に2を入れて1を注ぎ、好みで粉山椒をふります。

溶けにくい酒粕は、ボウルに入れて温めた出し汁を少し加え、ふやかしてから泡立て器などで混ぜ、鍋に加えるとよいでしょう。

菜の花のお浸し

ちょっと苦みのある菜の花を
シンプルにいただきます。

材料
菜の花1束　出し汁カップ1
薄口しょうゆ大さじ1　酒大さじ½
削り節適量

作り方
1　出し汁は薄口しょうゆと酒を加えて一煮立ちさせ、冷まします。
2　菜の花は塩ゆでして冷水にとり、水けをよく絞ります。食べやすい長さに切って1につけます。
3　器に盛り、削り節をかけます。

菜の花はゆですぎに注意。お浸しのつけ地も菜の花もしっかり冷ましてから合わせましょう。色も美しく、傷みづらくなります。

如月の手仕事

白菜漬け
保存袋でお手軽に。お浸し感覚でいただけます。

材料と作り方

1　白菜¼個（約600g）は洗って3cm幅に切ります。
2　昆布、ゆずの皮各適量は細切りにします。
3　ボウルに白菜を水けがついたまま入れ、塩小さじ2を加えて全体を混ぜます。しんなりしてきたら2を加えて保存袋に入れ、空気を抜いて口を閉めます。
4　バットなどにおいて上にもバットを重ね、瓶などを重しにして一晩おきます。
※保存期間は冷蔵庫で2日ほどです。

> 白菜がおいしくなり、安く出回るこの時期。
> とても食べきれない、というときには漬物です。
> ゆずをきかせて、さっぱりと。
> 嬉しい冬の一品となります。

弥生

March.

ひな祭りを迎えると
すっかり春らしくなります。
ちらしずしは関西風に
蒸しずしにしていただきます。
華やかに錦糸卵をたっぷり。
春野菜も随分と並び
後半になると筍が登場します!
そして春は貝がおいしい季節です。
私は、菜の花の姿と風味が大好きで
今月はほぼ毎日食卓にのぼります。
春野菜の薄味の煮物やあえ物は
主役級の春のごちそうです。

弥生 第1週

弥生 第1週の献立
大人も満足の
ひな祭りの献立です。

蒸しずし
えびと三つ葉の湯葉巻き揚げ
菜の花とやりいかのからし酢みそあえ
はまぐりの茶碗蒸し

大人になっても
気持ちが華やぐ
ひな祭り。
お気に入りのひな人形を飾って
食卓には、定番のちらしずし。
少し手がかかっても
私にとっては
毎年欠かせないお菜です。
大事に作り続けていきたいもの。

蒸しずし

肌寒いときにも嬉しい
温かいおすしです。
焼きあなごを加えれば
より豪華になります。

材料
米2合　酒大さじ1　A（米酢70ml　砂糖大さじ2½　塩小さじ2）　干ししいたけ4〜5枚　かんぴょう10g　れんこん小1節　B（砂糖大さじ2　しょうゆ、みりん各大さじ1½）　錦糸卵適量　塩ゆでした絹さや適量

作り方
1　干ししいたけは水でもどします。かんぴょうは水につけ、塩（材料外）をふってもみ、やわらかくゆでます。
2　しいたけのもどし汁に水を加えてカップ1にし、1とともに鍋に入れます。煮立ててBを加え、落としぶたをして弱火で20分ほど煮ます。そのまま冷まし、汁けをきって細かく刻みます。
3　れんこんは刻み、さっとゆでて混ぜ合わせたAにつけます。
4　米は酒を加えて炊き、3を回しかけて切るようにざっと混ぜ、2を加えて混ぜます。
5　器に4を入れて錦糸卵をのせ、蒸気の立った蒸し器で温まるまで蒸します。仕上げに絹さやを斜めに切って飾ります。

/ちょっと裏話/

ホカホカに蒸したおすしもおいしい！
今日はきちんと作りましたが、
残ったすし飯があるときに
錦糸卵をのせて蒸すこともあります。

弥生 第1週

はまぐりの茶碗蒸し

ひな祭りにはまぐり。
お祝いにふさわしい茶碗蒸しです。

材料
はまぐり4個　昆布適量　卵2個　薄口しょうゆ適宜　三つ葉適量

作り方
1　はまぐりは砂出ししてよく洗い、鍋に昆布、水約350mlとともに入れて火にかけます。殻が開いたらあくと昆布をとり除いて火を止めます。汁はこして冷まし、身は殻からはずします。
2　卵を溶きほぐし、1の汁と水を加えて400mlにし、味をみて足りなければ薄口しょうゆを加えて味を調えます。
3　2を器に注ぎ、蒸気の上がった蒸し器に入れて蒸します。蒸し上がり際にはまぐりの身と結んだ三つ葉をのせ、さっと蒸します。

貝のお出しは塩味があるので、味見をしてから調味を。蒸し方は29ページの「シンプル茶碗蒸し」を参照。

菜の花とやりいかの からし酢みそあえ

この時期になると作りたくなる春満載のあえ物です。

材料（からし酢みそは作りやすい分量）
菜の花 ½束　やりいか１ぱい　うど ½本
A（白みそ100g　米酢90ml　酒20ml
砂糖大さじ2）　溶きがらし小さじ2

作り方
1　菜の花は塩ゆでして冷水にとり、水けを絞って3つ〜4つに切ります。やりいかはわたと皮をとって胴は輪切り、足は適宜切り、さっとゆでます。うどは皮をむいて短冊切りにしてさっとゆでます。
2　鍋にAを入れて練りながら火にかけ、とろりとしたら火を止め、粗熱をとって溶きがらしを加えます。
3　1の水けをふいて適量の2であえます。

えびと三つ葉の 湯葉巻き揚げ

揚げた湯葉が香ばしく
食べごたえのあるお菜です。

材料
えび8尾　A（酒、塩、ゆずこしょう各少々）
平湯葉4枚　三つ葉１束　揚げ油適量
レモンのくし形切り、塩各適量

作り方
1　えびは片栗粉（材料外）をまぶして洗い、殻をむいて背わたをとり、粗く刻みます。Aを加えて混ぜます。
2　湯葉を広げて1を棒状にのせ、同じ長さになるように三つ葉を折りたたんでのせ、春巻きのように巻きます。
3　2を170℃の揚げ油で揚げます。切り分けて器に盛り、レモンと塩を添えます。

湯葉は生でも乾燥でも。乾燥湯葉なら、もどしてから使います。春巻きの皮でも。

弥生 第2週の献立

カリッと揚げた手作りコロッケを主役に。

のりのつくだ煮ご飯
チーズ入りじゃが芋のコロッケ
帆立てとプチヴェールのしょうゆ炒め
新玉ねぎのお汁

弥生 第2週

春のほろ苦野菜が大好き。
菜の花を使うことが多いのですが、
目先を変えてプチヴェールを
買ってみました。
思いがけないおいしさに
出会えることもあるので、
新しい品種のお野菜が目にとまったら
食べてみることにしています。

チーズ入りじゃが芋のコロッケ

パルメザンチーズを加えて味に一工夫。クリームチーズでもおいしくできます。

材料

じゃが芋小2個　豚ひき肉50g　玉ねぎのみじん切り1/8個分　油適量　A（塩、こしょう、ウスターソース各少々）　パルメザンチーズ、小麦粉、溶き卵、パン粉、揚げ油、せん切りキャベツ各適量　ウスターソース適宜

作り方

1　じゃが芋は皮ごとやわらかくゆでてボウルに入れ、熱いうちに皮をむいてつぶします。
2　フライパンに油を熱し、ひき肉と玉ねぎを炒め、Aで調味し、1に加えます。
3　2にすりおろしたチーズを混ぜ、俵形に成形します。小麦粉、溶き卵、パン粉の順に衣をつけ、170℃の揚げ油でカリッと揚げます。
4　3を器に盛ってキャベツを添え、お好みでソースをかけます。

ちょっと裏話

春は好きですが、花粉が舞うのが玉にキズ。
お料理に気が乗らないことも。
作りおきのコロッケとつくだ煮を活用して、
後はササッとできるお菜で乗り切りました。

チーズに塩分があるので、味つけはやや控えめに。ミートソースや肉みそとじゃが芋を混ぜて作っても。一度にたくさん作って冷凍しておくと便利です。

帆立てとプチヴェールのしょうゆ炒め

新顔野菜のプチヴェールをお試し。
しょうゆと好相性です。

材料
帆立て貝柱6個　プチヴェール4個
オリーブ油、しょうゆ各適量

作り方
1　プチヴェールは縦半分に切ります。
2　フライパンにオリーブ油を薄くひいて熱し、帆立てとプチヴェールを入れて焼きつけ、片面にかるく焦げ目をつけます。
3　返してオリーブ油適量を回しかけてざっと炒め、鍋肌からしょうゆを加えて炒め上げます。

プチヴェールは、ブロッコリーや芽キャベツに似た味わいの新野菜。
火の通りが早く、歯ごたえもあっておいしい。

のりのつくだ煮ご飯

手作りならではの
あっさり味のつくだ煮。
熱々ご飯にどうぞ。

材料（のりのつくだ煮は作りやすい分量）
焼きのり2枚
A（出し汁大さじ2〜3　酒大さじ2
しょうゆ大さじ1　みりん小さじ1）
いり白ごま、ご飯各適量

作り方
1　小鍋に焼きのりをちぎって入れ、Aを加えてのりがやわらかくなるまでしばらくおきます。
2　火にかけ、ときどき混ぜて水分がほとんどなくなるまで煮、ごまを加えます。
3　ご飯に2を添えて。

湿気ったのりを使っても十分おいしくできます。味はお好みで調整してください。多めに作って保存しておいても。

新玉ねぎのお汁

甘みの強い新玉ねぎを
ゴロンと大きいまま煮ます。
こしょうの風味をきかせて。

材料
新玉ねぎ1個　出し汁カップ2
薄口しょうゆ、塩、粗びき黒こしょう
各適量

作り方
1　新玉ねぎは縦半分に切ります。
2　出し汁で1をやわらかくなるまで煮、薄口しょうゆと塩で味を調えます。
3　椀に盛り、こしょうをふります。

玉ねぎがくずれないように、芯は切り落とさずに使います。

> 弥生 第3週の献立
>
> ## 春らしい、やさしい味わいの お菜を組み合わせて。
>
> 白飯
> 肉団子と新じゃがの煮物
> 菜の花とれんこんのごまあえ
> 新わかめと絹さやのおみそ汁

いよいよ、桜のつぼみが
ほころび始める頃です。
お彼岸でもあり、
少し落ち着いた和風の献立で
お出しのうまみや春野菜の香りを
ゆったりと味わいました。
お花見の計画も立てないと！

肉団子と新じゃがの煮物

ひき肉は鶏肉でも。
熱々をいただきます。

材料

豚ひき肉150g　A（塩小さじ⅓　酒大さじ1　しょうが汁小さじ1）　新じゃが芋小4個　さやいんげん適量　B（出し汁300㎖　酒、薄口しょうゆ、みりん各大さじ1　塩小さじ1）　水溶き片栗粉、黒こしょう各適量

作り方

1　豚ひき肉はAを加えて練り、じゃが芋は一口大に切ります。
2　鍋にBとじゃが芋を入れて火にかけ、煮立ったら1の種を丸めながら加えます。あくをとり、落としぶたをして10分ほど煮、半分に切ったさやいんげんを加えます。水溶き片栗粉でとろみをつけます。
3　器に盛り、黒こしょうをふります。

弥生 第3週

菜の花とれんこんのごまあえ

練りごまとすりごまでこくを！
歯ごたえのいいあえ物です。

材料
菜の花１束　れんこん5cm　油揚げ½枚
A（すり白ごま大さじ3　練りごま、出し汁、
砂糖各大さじ１　薄口しょうゆ小さじ１）

作り方
１　れんこんは薄めの乱切りにし、菜の花と一緒に塩ゆでにします。冷水にとり、菜の花は水けを絞って食べやすく切ります。
２　油揚げはフライパンで香ばしく焼き、細切りにします。
３　ボウルにAを混ぜてあえ衣を作り、水けをきった１と２を加えてあえます。

野菜類はあえる直前にしっかり水けをきります。あえ衣の出し汁は酒か水でも。

新わかめと絹さやのおみそ汁

今が旬の食材の組み合わせ。
さっと火を通していただきます。

材料
新わかめ適量　絹さや4枚
出し汁カップ２　みそ適量

作り方
１　わかめは食べやすい大きさに切り、絹さやは筋をとって適当な大きさに切ります。
２　出し汁を温めて絹さやを加え、一煮立ちしたらみそを溶き入れ、わかめを加えて温まったら火を止めます。

わかめはのれんのようにつながっています。少し面倒ですが、１本ずつ切り離すようにすると食べやすく均等に切ることができます。

弥生 第4週の献立
彩りの美しさを
いかした献立です。

うずみ豆腐ご飯

えびと菜の花の炒め物

春キャベツの煮浸し

うどのお汁

弥生
第4週

えびと菜の花は相性よし。

彩りも目にごちそうです。

うどは色の白さ、

シャキシャキの歯ざわりに

春を感じます。

色をいかすため、ほかの材料は入れず、

おすまし仕立てに。

シンプルな汁も煮浸しもご飯も

お出しがおいしいからこそ。

えびと
菜の花の
炒め物

えびの赤と菜の花の緑が
鮮やかな一品です。

材料
ブラックタイガー 8尾　木綿豆腐 ½丁
菜の花 ½束　にんにく ½かけ
ごま油適量　酒、しょうゆ各大さじ1

作り方
1　えびは殻をむき、背側に包丁を入れて背わたをとります。豆腐はかるく水きりし、手でちぎります。菜の花は長さを半分に切り、にんにくは薄切りにします。
2　フライパンにごま油とにんにくを入れて火にかけ、豆腐を加えて焼きつけます。
3　豆腐に焼き色がついたらえびを加えて炒め、えびの色が変わったら菜の花を加え、酒、しょうゆを加えて全体を炒め合わせます。

> ちょっと裏話
> 和食にもこしょうはよく合います。
> やさしい味のお汁やご飯などに
> 黒こしょうをガリガリッ。
> ひきたては香りが違います。

菜の花の代わりに、スナップえんどうや芽キャベツで作っても。豆腐はこんがり焼き色をつけるとおいしい。菜の花は最後に加えてさっと火を通します。

春キャベツの煮浸し

やわらかくて甘い春キャベツ。
おいしい煮汁も一緒にいただきます。

材料

春キャベツ¼個　豚薄切り肉100g　出し汁カップ2
薄口しょうゆ大さじ1　塩適量

作り方

1　春キャベツはざく切りにし、豚肉は適当な大きさに切ります。
2　鍋に出し汁、薄口しょうゆ、塩を入れて煮立て、1を加えてふたをしてやわらかくなるまで煮ます。

お揚げや桜えびと一緒に煮てもおいしいです。

うずみ豆腐

熱々のお出しがうれしい
ほっとするご飯です。

材料
ご飯適量　絹ごし豆腐½丁　三つ葉適量
出し汁カップ1　薄口しょうゆ小さじ1
塩、水溶き片栗粉各適量

作り方
1　出し汁を温め、薄口しょうゆと塩で味を調え、水溶き片栗粉でとろみをつけます。
2　器にご飯を盛り、豆腐をスプーンでくってのせ、熱い1をかけ、三つ葉を刻んでのせます。

ゆずこしょうや黒こしょうをふっていただいてもおいしい。

うどのお汁

うどのシャキシャキをいかすため
一煮立ちしたらでき上がりです。

材料
うど½本　出し汁カップ2
塩、粗びき黒こしょう各適量

作り方
1　うどは皮をむいて細く切り、水にさらします。
2　出し汁を温め、塩で味を調えます。うどを加えて一煮立ちさせます。
3　椀に盛り、黒こしょうをふります。

あくがあるうどは、水にさらしてから使いましょう。

旬の和ごはん 12ヵ月
index

【肉】
カレーしょうが焼き 68
牛すね肉のしょうが煮 54
新玉ねぎと鶏団子の煮物 22
砂肝のコンフィ 160
スペアリブとうどの酢煮 26
筑前煮 166
鶏ささ身とズッキーニの
　ごまあえ 72
鶏ささ身のあんかけ 172
鶏団子と里芋の煮物 118
鶏手羽中のしょうが煮 142
鶏手羽の山椒煮 52
鶏とピーマンの照り焼きつくね 83
鶏肉とエリンギの
　ゆずこしょう炒め 98
鶏のから揚げねぎソース 134
肉団子とかぼちゃの炒め物 60
肉団子と新じゃがの煮物 200
豚ばら肉と大根の
　やわらか煮 150
豚ヒレ肉の竜田揚げ 85
フライドチキン 158
れんこん入り肉団子 136
れんこん入り松風 161
和風ハンバーグ 156

【魚介】
秋ざけのホイル蒸し 114
あじのごま蒲焼き 40
えびしんじょのはさみ揚げ 86
えびとそら豆のかき揚げ 38
えびと菜の花の炒め物 202
えびと三つ葉の湯葉巻き揚げ 195
かきとしいたけのみぞれあえ 151
かきのみそ鍋仕立て 144
かつおとルッコラの
　サラダ仕立て 36
かぶら蒸し 180
小あじの南蛮漬け 70

さけとまいたけの
　南蛮漬け 124
さばとしいたけの
　焼き浸し 102
さばのピリ辛みそ煮 174
さわらのねぎみそ
　ホイル焼き 187
さんまのさっぱり蒲焼き 123
さんまの山椒揚げ 108
塩ざけと三つ葉の
　おろしあえ 167
たいの黒こしょう揚げ 188
たいの香味蒸し 152
たいの煮つけ 17
たことピーマンの
　ゆずこしょうあえ 69
ちりめん山椒 107
はまぐりの卵とじ 46
はものフライ 58
はも焼き 79
帆立てとプチヴェールの
　しょうゆ炒め 198
帆立てのフライ 18

【卵】
あおさのりの茶碗蒸し 119
かぼちゃとブルーチーズの
　フリッタータ 159
シンプル茶碗蒸し 29
スコッチエッグ
　みそソース 182
伊達巻き 161
とうもろこし入り卵焼き 99
はまぐりの茶碗蒸し 194
マッシュルームのオムレツ 21

【大豆・大豆製品】
揚げ出し豆腐 184
炒り豆腐 178
枝豆と豆腐のあえ物 62

黒豆煮 162

【野菜・芋・きのこ】
揚げらっきょう 47
アスパラとクリームチーズの
　おかかあえ 53
かぼちゃの白あえ 157
賀茂なすの田楽 78
きのこ入り切り干し大根 138
ごぼうのきんぴら 183
さつま芋コロッケ 104
里芋のえびあんかけ 154
里芋の肉みそかけ 100
山椒ポテト 119
しし唐とお揚げの煮浸し 75
春菊と黄菊のお浸し 125
新じゃがと豆のサラダ 42
大根と厚揚げの煮物 140
筍といんげんの白あえ 17
筍の水煮 30
チーズ入りじゃが芋の
　コロッケ 196
つるむらさきのお浸し 89
トマトとクレソンの
　ごまドレッシング 29
トマトとみょうがの
　わさびじょうゆあえ 85
長ねぎのゆずこしょうマリネ 160
なすのアンチョビ炒め 34
なすの丸煮 93
菜の花とやりいかの
　からし酢みそあえ 195
菜の花とれんこんのごまあえ 201
菜の花のお浸し 189
根三つ葉とお揚げのくるみあえ 25
白菜漬け 190
白菜のそぼろあん 175
春キャベツの煮浸し 204
翡翠なす 59
冷やし出しトマト 47

冬野菜の温かいサラダ　159
ブロッコリーの豆腐あんかけ　145
ほうれんそうの
　　ツナおろしあえ　173
干し柿なます　167
三つ葉とお揚げの
　　煮浸し　169
みょうが漬け　94
焼ききのこのおろしあえ　109
野菜の焼き浸し　56
らっきょう漬け　48
りんごとナッツの
　　ポテトサラダ　135
れんこんまんじゅう　122

【ご飯・めん】
青じそご飯　79
秋ざけの炊き込みご飯　116
炒り大豆ご飯　181
うずみ豆腐　205
うなぎとゴーヤのおすし　92
梅とお揚げのご飯　63
えのきとお揚げのご飯　186
えびと青じその炒飯　82
かきご飯　170
かぼちゃご飯　73
キーマカレー　32
きゅうりと梅のおすし　88
栗、鶏、ごぼうのご飯　120
桜えびと枝豆のご飯　66
さつま芋ご飯　96
里芋ご飯　115
山椒ご飯　43
新ごぼうのご飯　24
新しょうがご飯　39
スパゲティサラダ　106
せりとにんじんのご飯　155
そら豆ご飯　28
大根とお揚げのご飯　148
たいのごまみそ丼　44

たいめし　14
筍ご飯　20
とうもろこしご飯　50
とろろご飯　143
七草ご飯　169
菜めし　145
のりのつくだ煮ご飯　199
はもにゅうめん　76
ビフテキ丼　74
蒸しずし　192
焼きお揚げご飯　103
焼ききのこご飯　132
ゆり根ご飯　139
らっきょう炒飯　57

【お汁】
いわしのつみれ汁　84
うどのお汁　205
えのきとお揚げのごまみそ汁　173
オクラと豆腐のごまみそ汁　53
落とし卵のおみそ汁　73
かき玉汁　25
かぶと厚揚げのおみそ汁　135
かぶら汁　187
キャベツとにんじんの
　　ごまみそ汁　125
切り干し大根とお揚げの
　　おみそ汁　181
くずし山芋のおみそ汁　75
ごぼうのみそポタージュ　157
里芋とにんじんのおみそ汁　109
沢煮椀　39
下仁田ねぎのポタージュ　183
春菊のおみそ汁　175
白玉入りかぼちゃのおみそ汁　69
新玉ねぎのお汁　199
新わかめと絹さやのおみそ汁　201
そら豆と長芋のすり流し　21
冬瓜と厚揚げのおみそ汁　83
豆腐のおみそ汁　107

とうもろこしのかき玉汁　57
トマトスープ　35
トマトの豚汁　43
鶏肉と冬瓜のくずひき汁　90
長芋と三つ葉のおみそ汁　139
なすとみょうがのごまみそ汁　63
なめこのおみそ汁　123
にんじんとごぼうのおみそ汁　99
のりのお吸い物　155
白菜のおみそ汁　143
ぶりの粕汁　168
ほうれんそうと大根の
　　おみそ汁　151
細切り野菜のお汁　59
帆立てのしんじょ椀　16
焼きなすのおみそ汁　115
山芋のお団子汁　89
よもぎ麩の粕汁　189
れんこんの薄月夜　103

【その他】
赤じそシロップ　80
いちごムース　127
梅漬け　64
おぜんざい　176
栗の渋皮煮　110
桜わらび餅　126
白みそ雑煮　164
すもものシロップ煮　128
手作りポン酢しょうゆ　146
ぶどうゼリー　129
ぶどうとれんこんの白あえ　112
ゆず寒天　130

荒木典子
あらきのりこ

神戸生まれ、京都育ちの料理研究家。
お料理上手の祖母と母の影響で、
食に関心のある環境で育つ。
大学卒業後フランスへ留学し、
帰国後調理師学校にて料理の基礎を学び、
調理師免許を取得。
その後、上京して出版社で
料理本の編集者として働いたのち、
2007年に独立して料理の道へ。
現在は書籍や雑誌の仕事を中心に、
企業へのレシピ提供、
料理店の監修などの仕事とともに、
自宅で和食の料理教室を主宰。
季節感をとり入れた
シンプルでていねいな料理がモットー。
和食と家庭的な洋食が得意。
著書：『まいにちの和食』(KADOKAWA)、
『グラチネ』(成美堂出版) など多数。
HP：http://arakinoriko.com

撮影・スタイリング
荒木典子

編集協力
庄司和以

ブックデザイン
若井裕美

撮影協力
冨田理恵、松本祥孝

講談社のお料理BOOK

旬の和ごはん 12ヵ月

著者 荒木典子

2016年4月18日　第1刷発行

発行者　鈴木 哲
発行所　株式会社 講談社
　　　　〒112-8001　東京都文京区音羽2-12-21
　　　　電話（編集）03-5395-3527
　　　　　　（販売）03-5395-3606
　　　　　　（業務）03-5395-3615
印刷所　図書印刷株式会社
製本所　株式会社国宝社

© Noriko Araki 2016, Printed in Japan

●定価はカバーに表示してあります。
●落丁本・乱丁本は、購入書店名を明記のうえ、小社業務あてにお送りください。送料小社負担にてお取り替えいたします。なお、この本についてのお問い合わせは、生活実用出版部 第一あてにお願いいたします。
●本書のコピー、スキャン、デジタル化等の無断複製は著作権法上での例外を除き禁じられています。本書を代行業者等の第三者に依頼してスキャンやデジタル化することは、たとえ個人や家庭内の利用でも著作権法違反です。

ISBN978-4-06-299672-3